學校沒教的心理課

打擊分心、增強記憶，學習效率大提升！

學習加分篇

作者｜蔡宇哲、李盈儀

漫畫＆插圖｜熊哥大喬治漫畫創意工作室

在我小時候，長輩很常教導孩子們要「囡仔人有耳無喙」，意思是大人講的話聽就對了，不要問太多。但當孩子長大後，大人們又希望他具備獨立思考的能力，才不容易被騙，並走出自己的路。可是如果人們從小就只知道乖乖聽話、不去想其他可能性，長大又怎麼有辦法獨立思考呢？

所以我喜歡女兒跟我「頂嘴」，有根據又有趣的那種。

女兒小學三年級之後，開始會在聊天時冒出一句：「這不科學啊！」顯然老爸編故事的能力必須要更好才行。我總是會接著問她為什麼，開啟後面一連串的延伸討論。不僅增加了親子間的互動，更可以讓她感受到，答案不只有一個，生活中充滿著許多可能性。

我問女兒，你是怎麼知道這些知識的呢？她多半是在書上或是上課學到的。因此，提供孩子好的閱讀素材是很重要的，就像是種樹一樣，提供良好的土壤、水、空氣與肥料，幼苗就能自然而然長成大樹，而不需要去刻意拉拔。

學習心理科學對我的理性思考幫助很大。心理學非常貼近生活，很能引發好奇心與共感，也能讓自我覺察更敏銳。科學推論的過程大致上要有這些步驟：觀察、假設、驗證與預測，更需要抽絲剝繭去考慮各種影響因素。例如書中有一篇談到走路可以啟發靈感，實驗還特地區分是在戶外走還是在室內面壁走跑步機。這是因為一般走路會同時有移動、肢體活動跟景色變換這三點，而透過實驗設計才得以區分出真正啟發創造力的因素。

《學校沒教的心理課》這兩本書可說是十年磨一劍。2014年一月，我跟盈儀開始撰寫專欄，多虧有她，這十年來

每個月一篇，從未間斷。我們選取之前專欄內最有意思的研究，並由盈儀負責全部重新改寫，我再加以補充修改，再搭配生動有趣的漫畫插圖，集結成這兩本全新的書籍，連我這個大人看了都忍不住一則接一則讀下去。我們希望每篇內容都能讓讀者「知其然也知其所以然」，不僅如此，我們更在各篇文章後安排聊天室解答區，激發讀者思考其他可能性。期許大家在享受閱讀時，理性思考也能在不知不覺中慢慢萌芽長大。

　　希望讀了這本書的你，未來在表達自己觀點時，能用趣味又理性的方式跟人「頂嘴」！

　　　　　——**蔡宇哲**（心理學博士／〈哇賽心理學〉創辦者＆總編輯）

登場人物介紹

博士

在校園中像忍者一樣神出鬼沒守護學生，幫大家用心理學找到學習和人際相處的新方法。講到心理學就熱情全開，為人幽默溫暖，不過有時候會講冷笑話。

學習火力值 ★ ★ ★ ★ ★

助理

平常會利用多元的方式教學各類科目，每堂課都難不倒她。看似一板一眼會吐槽博士，其實心腸很軟，是大家心中遇到大小困難都會向她求救的萬事通。

學習火力值 ★ ★ ★ ★ ★

艾諾

開朗善良，熱愛漫畫。平時反應快，很多事都想到就去執行。但對於真正想做的事卻是猶豫再三，總會懷疑自己的能力，不敢跨出嘗試的第一步。

學習火力值 ★ ★ ★ ★

費斯

喜歡科幻電影和小說，也樂於和朋友分享資訊。個性謹慎小心，對學習全力以赴，總是想要表現到最好，但有時候會用力過頭，變成反效果。

學習火力值 ★ ★ ★ ★

伊芮

外表看起來嚴肅，實際上直率又好相處。有時候太在意細節而顯得鑽牛角尖。常輕易相信眼前的資訊，使用不適合自己的方法學習。

學習火力值 ★ ★ ★

喬立

活潑外向愛耍寶，不會和人計較，是班上的開心果。對制式的學習不太有耐心，熱愛運用新方法，但常弄錯心理學的真實意義，結果弄巧成拙。

學習火力值 ★ ★ ★

學校沒教的心理課 學習加分篇
目 錄

如何使用這本書

哇賽聊天室

博士幫你整理本篇重點，分享自己生活中的經驗，再加上收集的學生QA，讓你更好掌握關鍵心技能！

情境漫畫

每章先用漫畫帶你回想這些可能很眼熟，或許曾經發生在自己或是朋友身上的事情，幫助你快速找到「心結」所在！

博士心觀點

博士會在這裡向你說明我們究竟遇到了什麼麻煩，以及心理學家為了對付這些麻煩，做了哪些有趣的研究，並提供人們什麼解決方法。

示意插圖

學生還常精采提問，激發博士和助理的創意。

01

身體活動原來
能幫助學習

明明是動手指、動雙腳，竟然能幫助腦袋升級！不僅增強記憶力，還可以提升學習效果，甚至在靈感枯竭的時候，幫忙激發創意！不過在什麼時機使用活動身體這招，還是有學問的，可不是隨時隨地都適用！

第01話

走路不只動動腳，還能順便動動腦

有時候坐在書桌前，寫著回家作業，偶爾會遇到很困難的題目，怎麼想也想不通、解也解不開，遲遲無法下筆。這時候我們可能會用力搔抓腦袋，努力想把問題給想出來，也有可能直接放棄、趴倒在桌上，期待突然靈光一閃，答案會自己出現在眼前。

不過越是如此，可能越事與願違。其實當問題在腦子裡陷入僵局時，離開書桌，動動腳到處去走一走，可能會有些幫助喔！

你知道嗎？古典作曲家柴可夫斯基常常花很多時間在散步，一邊走路一邊在構思著樂曲。世界上最偉大的科學家之一──愛因斯坦，每天一定都要散步，也很習慣走很遠的路去上班，他有時會和同事邊散步邊談論科學，激發了許多靈感。還有，蘋果創辦人賈伯斯也很喜歡在散步時思考，甚至在走路時開會，對他們來說，散步反而是讓大腦文思泉湧的重要時刻。

面壁也能「走」出創意

一直以來都有「散步可以啟發靈感」的說法，但這到底是不是真的呢？美國史丹福大學的研究者瑪麗莉・奧帕佐（Marily Oppezzo）及丹尼

爾‧史瓦茨（Daniel Schwartz）就想帶領團隊來好好實驗一下，到底其中有什麼原因可以促進創造力。

研究者們首先想要釐清的是：散步可以帶給人靈感，是因為走路的關係，還是因為可以看到環境中各式各樣的刺激呢？大部分散步的情境下都會有走路和環境刺激兩項要素，又不少人認為靈感其實來自後者。因此研究者找來了48名大學生，每人都獨自待在一個小房間裡。他們先被安排坐在一張桌子前，並完成一個創意測驗來評估當下的創造力程度。接著請他們從椅子上站起來，移動到一部面向牆壁的跑步機，用自己覺得輕鬆且舒服的步伐，在跑步機上行走一段時間，走完後同樣再評估一次當下的創造力程度。

結果顯示，這些人在跑步機上行走之後的創造力分數明顯變高！而且這不是因為之前有先坐著完成一次測驗的關係。研究者也曾把順序給顛倒

運動前　運動後

過來，讓接受測試的人先走路再坐下。但不論是哪個在前，都是走路過後的創意分數會比較高！

看來不需要感受到環境的變化或是許多刺激，光是面壁走跑步機這樣的行為，就可以增加靈感了呢！

走路需不需要好風景？

既然單純走路動作就可以增加靈感，如果再加上接收到環境中的各種刺激，是不是可以讓靈感更豐富？究竟走路跟看到豐富資訊這兩個因素，哪個對於啟發創意比較有幫助呢？

為了了解背後的因素，這次研究者將40位成年人分成4組，分別是室內坐著不動、室內跑步機行走、坐輪椅被推著在戶外行動、自行在戶外走動。在這些人進行分組活動的前後，都讓他們進行創意測驗，來比較不同活動會不會影響創造力。

結果出爐，創意測驗成績最好的是在戶外走動的那些人，第二名是在室內跑步機上走動的人，而成績最差的是在室內坐著的人。這次的研究結論有個重點：環境的豐富刺激或許也會有點幫

那運動會時，10人11腳的項目中，那麼多人一起走路。

是不是會共同冒出超棒的點子？

不錯耶，或許可以一起即興寫首歌喔！

助，其實影響卻不大。所以呢，想要啟發創意時，不用刻意找環境優美的地方散步，只要起身行動，到方便、安全的環境走一走就可以了。

隨時隨地動動腳，輕鬆打造創意腦

　　為什麼走路可以啟發靈感，讓人更有創意？動腦筋的都是大腦啊，又沒有用到腳。其實，身體在動的時候，大腦中也會有區域跟著活躍起來。跟安靜坐著思考相比，邊走邊思考的情況下，大腦活躍的部分會更多，因此啟動更多神經網路，這就好像拿到更多百寶箱裡的物品一樣，當然就有更多機會遇到好寶貝可以解決問題囉。

　　這兩個實驗都顯示，不管我們身處的環境如何，光只是走路就可以激發創造力，讓我們產生更多新穎的想法。除此之外，走路為我們產生創意的效果，不只是曇花一現而已，它可是會延續一段時間的喔，就算我們走一段路後坐下來休息，創意仍可以從腦袋裡源源不絕的冒出來。「走路」彷彿像是打開了創意的水龍頭開關，把滿滿的想法給釋放出來。

　　現代人常常會覺得走路很累、很麻煩，但其實多走路除了可以促進身體健康外，還可以幫助靈感浮現，對身心都很有益處。請記得提醒自己和家人，讀書、工作一段時間後，從椅子上站起來，在附近走一走，或是平時就多利用步行取代搭車。這樣隨時隨地都能激發創造力！

　　現今這個便利的時代，處處都是電梯、手扶梯、汽機車等發明，當然還有迅速又普遍的通訊網路，都讓我們身體活動甚至走出家門的機會大幅減少。然而，也正是科技高度發展的時代，重複性的工作多半會由電腦與機器代勞，人們更需要激發想法和創意，來解決更多複雜的問題。所以當你被繁忙課業或其他生活難題卡住時，不如就走走路吧，這麼輕鬆又簡單就能激發創意，不善用就太可惜啦。

哇賽
聊天室

　　當你想不出好點子的時候，都是怎麼解決的呢？下次你想不出好點子時，可以像試著像博士一樣，在家裡晃一晃，靈感就很有機會出現喔！這時記得回到書桌前先把想法寫下來，方便之後梳理訊息。你也可以邊走邊拿著手機，靈感一來就利用語音輸入的方式記錄。不過這種方式只適合在家裡或是安全的環境進行，在外頭走路千萬好好留意四周、注意安全啊。

Q1 哇！走路還可以促進思考啊，那我上課的時候走來走去
　　 會學得比較好嗎？

A1 這個聯想很有意思，但恐怕不會有效果。走路促進思考跟
　　 創造力，這像是把腦子裡的資訊巧妙的重新排列組合，進
　　 而產生好點子。但上課學習的話，多半是學會嶄新、之前
　　 腦子裡沒有的知識，而且還得記下來。這種情況下創造力
　　 是派不上用場的喔，還是先專心學習比較要緊。

Q2 如果散步可以啟發靈感，那跑步也可以嗎，同樣都是腳
　　 在動啊？

A2 根據博士自己的跑步經驗，這是有可能的，但卻是有條件
　　 的：對你的體能而言，必須是輕鬆的跑步速度才行。想想
　　 看，如果跑得很快，喘都喘不過氣來了，這時候滿腦子都
　　 會想著要趕緊喘氣，同時明顯感受到心跳急速、呼吸不
　　 順，甚至會產生痛苦的感覺。那就沒有餘裕去讓既有的想
　　 法相互碰撞出火花來了啊，只會一直想著要趕快休息而
　　 已。所以說如果要用跑步來啟發靈感的話，記得要用自己
　　 覺得很輕鬆、不難受的速度來跑喔！

第02話

動動手指描一描，就有意想不到的效果

　　許多名人演講時，總是會伴隨肢體語言，除了走來走去以外，雙手也很常有輔助說明的動作，感覺有了雙手動作搭配，演說內容更易懂、更吸引人。但在早期，老師教導學生練習演講時，基本上都會希望我們保持站定，只有碰到少數特定內容，才會利用手勢及動作輔助。另一方面，學校經常也會要求學生在上課時要靜靜坐好聽課，不要用動作或行為來干擾課堂。究竟學習時以動作輔助，對於思考與理解上有沒有幫助呢？

手指頭畫出學習力

　　雪梨大學的心理學家吉恩斯教授（Paul Ginns）曾經讓一部分的小朋友在算數學時，用自己的手指頭描一描考卷上的題目，例如一些三角形、梯形或是加減乘除等運算符號。照理來說，不管有沒有動手指描，眼睛一樣有看到題目，應該不會有什麼差別才對。但結果竟然發現：有透過手指描繪數學題目的人，不僅寫出答案的速度比較快，而且正確率比較高。

　　吉恩斯教授想要知道更多關於手部動作如何幫助我們學習，於是他們招募了93名國小四到五年級的學生，並將他們隨機分成三組，用不同的方式學習數學中「三角形的角度」。研究團隊請第一組學生只要用眼睛專心

看老師教學就好；第二組學生，要一邊看老師教學，一邊用手指描繪著三角形圖形；第三組學生除了一邊看老師教學邊用手指描圖形外，還要試著閉上眼睛，再想像一次用手指描繪三角形。

教學完畢後，學生們會進行圖形測驗並填寫一份問卷，用來評估他們對於學習三角形角度是否有興趣，以及會不會覺得學習很吃力。最後發現，第二組用手指頭描繪三角形的學生，比只聽老師講課的學生解題速度快、更願意學習，而且感覺比較不吃力。不僅如此，用手指頭描繪並且在腦袋裡想像一遍的學生，他們解題速度又比前兩組學生都還要快！

研究團隊也曾找來成年人測試，請他們在透過電腦學習天文學時，同樣以手指在螢幕上畫著星星之間的連結及圖像。實驗結果也是手指描繪的人會學得比較好，甚至還能夠舉一反三，回答出剛剛沒教的天文學知識！

手指和大腦有什麼關聯？

但是不管大人還是小孩，學習不都是透過眼睛看、耳朵聽跟腦子思考嗎？手指沒有眼睛也沒有耳朵，是如何幫助我們學習的？

背後的可能原因有很多，其中之一是人類天生就仰賴肢體的觸覺與動作來輔助學習。回想看看，當我們還是嬰兒，不會開口說話時，就很會善用手指去指出我們想要的東西，或是希望爸媽注意到的物品。手指成為了我們專注的目標，注意力容易集中在手指附近的空間範圍。因此閱讀時，一邊用食指順著書本的字句，會增強注意力，並讓大腦優先去理解字句中的意思。而當我們用手指描繪相關內容時，並不是在強迫自己記憶圖形，而是主動的讓大腦進行思考和理解。

此外，也有些說法認為，相較於學習時一動也不動的坐著，如果能有一些肢體動作，會讓大腦的動作與感覺區也活躍起來，讓更多腦區同時參與學習，這樣一來可以更加深刻的了解內容。

原來從小到大靜靜坐著讀書，並不見得是最好的學習方法，加入一些肢體輔助不僅不會干擾，反而可以更加專注、讓學習效果更好。除此以外，肢體動作也可能讓人在表達時更專注流暢。這就是開頭提到

上次考試我用手戳三下前面的費斯，他比了比二。果然第三題選B是對的！「小動作」真的有幫助學習呢！

你在說什麼！

的，名人們在演說時常會有動作輔助。有些演講人甚至會隨著語氣變得強烈，手部動作也越來越大。其實，講話時如果要求演講人立正站好、雙手貼緊大腿不能動，演說反而會變成不順暢呢。

怎麼動手指才對？

　　雖然學習時有點肢體動作是好的，但並不是任何動作都可以，要是隨意扭動，反而會影響專注力。要怎麼確保自己的動作是有助於學習，而不是干擾學習呢？可以簡單記得兩大原則：第一，就是你的動作必須與學習內容有關，像是上面舉例的描繪形狀或是用手指著字句讀。第二，就是這個動作是可以幫你更專注，而不會中斷你的思考、不需要另外花心思去進行的。如果你得分心去想要做出動作、做多大，就會打斷的目前的思緒，對學習產生阻礙了。

　　下次遇到全新的事物，需要全神貫注學習時，不妨動動手，透過一些合適的肢體動作來幫助我們聚精會神，就可以幫助我們更快速的理解新事物、將新知識吸收得更好。

　　既然做動作可以幫助學習，是不是每堂課都來做個專屬動作好了？我們來想像一下，如果上課時每個學生都有不一樣的動作，動來動去的，那會是什麼樣的情景呢？看起來很亂，對吧。上課老師可能會因此感到困擾而無法專心教學，而且萬一動作太大，也會打擾到旁邊的同學。所以用動作來輔助學習的最佳情境，其實是只有自己一人的狀態，這樣就不會干擾到別人啦。如果真的想要在課堂上運用的話，請記得要以小幅度的動作，以免妨礙到老師或同學。

　　如果你正邊讀邊比手畫腳，家人看了覺得很奇怪的話，你也可以跟他分享這篇文章，讓他知道這樣其實能讓你更專注喔。

哇賽
聊天室

　　你上課的時候會有小動作嗎？博士小時候上課很常扭來扭去，不像其他同學可以安靜坐好，因此常會被老師糾正，認為這是不專心的表現。但從這個研究就可以知道，這種「安靜不動才能專心」的想法並不完全正確。甚至有些注意力難以集中的人，特地要他做些動作，反而可以讓他更專心。希望這篇文章不只能幫助你學習，也可以帶你從不同角度，體諒上課會不得已亂動的同學。

Q1 如果肢體動作可以輔助學習的話，那邊學習邊轉筆、把玩文具也可以的嗎？我常這樣玩，但會被老師糾正。

A1 博士小時候也很流行轉筆跟轉墊板，但是這個研究無法支持轉筆有助於學習。主要針對的是「與學習內容相關的動作」，像是描繪形狀、指著字句閱讀等動作。像轉筆這類的行為，雖然同樣有手指動作，但跟學習的內容並沒有關係，所以不能套用這個研究的論點。

Q2 但我覺得轉筆確實有讓我比較專注耶，有沒有可能其他研究可以支持呢？

A2 這個可能性是存在的，例如有些研究就發現，讓小學生上課時站時坐，雖然這些動作與學習內容無關，但偶爾動一下也是有助於上課專注的。不過由於這類研究還不多，難以確認對每個人的效果都一樣好，而且動作的種類非常多，實在不容易一一驗證是否有效。

第03話

我偷偷用手機打字啦，又快手又不會痠。都西元幾年了還用寫的，也太沒效率了吧。

對耶！你超聰明的！

伊芮，你怎麼都不用抄筆記呀？

下一堂是討論課，請大家針對剛剛上過的內容分組分享自己的看法，下課前10分鐘我們會再請各組說明討論結果喔！

下一堂課

我覺得剛剛老師講的A情況很有道理，但如果說當時人們採取B作法，有沒有可能……

剛剛老師講了什麼我都忘記了，明明有用手機做筆記啊？

小聲…

其實用手寫字、畫圖，跟用鍵盤打字，對大腦來說效果完全不一樣喔！

這是因為打字跟手寫能夠帶給大腦的刺激完全不同……

博士！上課的時候不要用手機影響學生！

躲

躲

先別只是打字了，多手寫能增強記憶力

　　由於手機、電腦的普及，大家越來越依賴這些產品，不僅打電話、照相都透過這些裝置，甚至是在辦公場合或課堂上，都會使用它們來記錄對話或抄錄筆記，協助我們完成許多文書作業。不少人的想法都是：「用3C產品輸入比我手寫還要快，而且美觀又環保，真是太棒了！」

　　這些產品看來真的為我們生活帶來許多便利，但這些號稱「智慧型」的產品，真的能為我們人類帶來更多智慧嗎？

用手寫字和3C產品紀錄有什麼不一樣？

　　日本東京大學的研究者酒井邦嘉與研究團隊，想了解用紙筆記錄跟3C產品比起來哪個比較好。他們找來48名年輕人，所有人都參與一個討論行程的對話，過程中會談到十多種各式各樣的行程，像是上課時間、交作業、聚餐等，參加實驗的人需要把這些行程規劃好並記錄下來。

　　參加者分成三種不同模式參與：一組用紙筆記錄、一組用平板電腦加觸控筆，還有一組則是使用手機記錄。

　　很多人都覺得用紙筆記比較慢，但在這個實驗裡卻發現：紙筆組大約花了11分鐘，平板組14分鐘，手機組16分鐘，反而紙筆記錄的效率是最

好的。

　　間隔一小時之後，研究者請每個人回憶剛剛的規劃並透過儀器觀測大腦的活動情況，結果發現：用紙筆記的那些人，大腦當中負責記憶的海馬迴這個腦區，活躍程度會明顯比較高。這結果顯示紙筆記錄會讓記憶更鮮明、更容易被想起來！

　　另外挪威科技大學的奧黛麗．范德梅爾(Audrey van der Meer)教授的研究也發現在手寫或繪畫時，由於手部動作與活動範圍會比鍵盤打字要複雜得多，感官系統的共同運作以及精確控制的手部運動，會帶動感覺與運動整合，並優化大腦的學習。

為什麼動手寫字如此重要呢？

　　當我們用筆寫字時，需要使用到精細的動作技能和感官等多種知覺，像是把筆尖接觸在紙張上，看到紙上呈現的一筆一畫、聽到寫字時發出的沙沙聲、握著筆以及觸摸紙張的觸感等，許多感官都會被啟動。這些感官體驗會激發大腦的活動，為記憶形成過程留下許多日後可以提取的線索。如此一來，在進行書寫時，對當下的記憶會更加深刻牢固，進而促進學習的表現。好比你到迪士尼樂園去玩，在裡面看到米奇跳舞很可愛，於是就跟著他一起跳了一段。回來後每次只要你跳到米奇舞的片段、聽到該歌曲音樂，或是你做出跟這支舞類似的動作時，就都會想起當時去迪士尼樂園玩的回憶。

　　相對的，透過電腦或手機鍵盤來打出每個字的動作都是很相近的。手指都在同樣的螢幕或鍵盤區域活動，只是按下不同按鍵的位置有一點點差異而已。因此使用到的感官種類比較少，在大腦中較無法在當下留下深刻的提取線索來強化記憶，如此一來反而無法提升我們的學習表現。

善用3C產品，並正確培養手寫習慣

　　在這個3C產品普及的時代，我們應該進一步了解它們，善用其便利性，也應該盡量避免它們帶來的負面影響。如果能用手寫的、需要加深印象的，就應該拿起筆好好寫下來；如果只是單純要記錄當下的畫面，透過手機拍照仍然是便利又快速的選項。當然囉！如果你看到眼前令人震懾的美麗景色，想讓自己深深記下來，也不妨拿起畫筆一筆一筆的把它畫下來，相信這美景會烙印在腦海裡，讓人再三回味！

　　如果你覺得寫字是一件苦差事，有可能是因為事前準備還沒真正做足，也可能是過去沒有把寫字當作是一件重要的事，從沒有好好認真寫字。但是，從現在開始重視寫字這件事，也還不遲喔！首先要使用正確的握筆方式以及正確的坐姿。坊間有許多教我們如何寫好字的書籍以及握筆器等協助寫字的工具，綜合這些資訊，找出一個自己最喜歡、最不費力的

方式，好好動手學習寫字，才能讓寫字事半功倍。

正念寫字

除了一般正常的寫字方式外，現在還有一種正念寫字的練習。「正念」的字面意思是「把念頭放在當下」，也就是要專注在目前所做的這件事情上。我們常常都是聽了某段話或是突然有個想法，為了要快速記錄下來而草草書寫。你有沒有試過很認真、一筆一畫慢慢寫字呢？不要分心，試著去感受你的身體姿勢、握筆的方式與力道，並專注在筆尖跟紙張接觸的點，每一筆的速度、粗細，筆接觸紙張所發出的細微沙沙聲等，你會發現這樣專心的寫字，寫起來會比較工整，而且也會有截然不同的心情感受喔。

這就跟以前的人在練習寫毛筆字是一樣的道理，都是全神貫注在進行書寫的動作。不過現在人寫毛筆的機會很少了，原子筆或自動鉛筆很方便，但也因此我們寫字都是草草的寫完，心思很少停留在這件事情上。

看完這篇，推薦你試著用正念書寫的方式把心得寫下來，立即感受一下吧。

哇賽
聊天室

　　手寫字除了能增強記憶，還有很多隱藏好處。其實，博士也是屬於不喜歡寫字、偏好電腦打字的人，因為博士認為自己寫字並不好看。不過，看到以前所做的筆記，會有一些懷舊的正向感受。一方面是覺得好笑，心想以前的我寫字怎麼會這副德性啊；另一方面會喚醒以前的記憶，包含當時寫下來的情境、心情等。所以呢，你現在寫的筆記可不要輕易丟掉，過幾年後再來出來看，還會有不同的心境收穫呢。況且，手寫字再醜看起來還是有溫度許多，想想看，你如果收到一張卡片，裡面寫的話是手寫或是電腦打字，感覺是不是很不同呢？

Q1 用手畫畫也可以增強記憶嗎？我很喜歡畫圖但不愛寫字。

A1 畫圖同樣很棒！前面的研究中有安排畫圖組，也出現類似寫字的效果。而且跟文字相比，圖像又多了視覺上的輔助與記憶，可以讓你之後複習時速度更快。就像我們這本書一樣，多了插圖是不是讓你更容易理解、印象更深刻呢？但要注意的是，畫的內容要跟學習的越相關，才會越有幫助喔。有些人喜歡在課本上塗鴉，幫歷史人物做造型，這種雖然有趣，但對於學習就不會有效果。

Q2 現在很多平板電腦也可以用筆寫，這樣也是可以的嗎？

A2 這樣也會有效果，因為重點還是在於動手寫字或畫圖，並不限於紙上。如果你希望可以永久保存手寫資料，方便管理並節省紙張的話，透過平板電腦手寫也是一種方法。

第04話

再三天校刊就截止收件了，

現在還是卡在同一句寫不出來，好煩喔！

伊芮，別煩惱了，這個我新買的體感遊戲要二對二，你跟我一組吧。

Sports

呃啊！我不管了！

上啊喬立！

看我的！

喝！殺球得分。

我救起來了！

耶！

我想到了！

抱歉啦，先不玩了！我靈感來了，要趕快寫下來。

這次換拔河吧。

我們這次會贏的。

伊芮！別偷跑！我們還沒分出勝負呢！

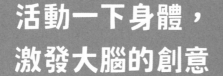

活動一下身體，
激發大腦的創意

每當看到一幅精采的畫作、讀到一篇絕妙好文，或是聽到一首好歌，是不是都讓你讚嘆不已？超級佩服作者竟然有這麼棒的創意與創作靈感！創意之所以被認為是珍貴的資產，最重要的原因就是它得之不易。當我們想要寫一篇文采飛揚的文章時，常常坐在桌子前苦思半天也寫不了幾個字；或是想畫一幅畫作時，卻遲遲不知道如何構圖。很多人都想知道該如何輕輕鬆鬆的開啟創意之門，讓好點子源源不斷湧進來，關於這點，心理學可以提供一些好建議。

人類思考模式的種類

人的思考型態大致上可分為兩種：「聚斂式思考」（Convergent Thinking）與「發散式思考」（Divergent Thinking）。從字面上來看，好像很難理解是什麼意思對吧？其實，簡單來說，聚斂式思考指的是集中注意力在某個焦點，透過既有的經驗與知識去尋找最佳解答。例如背誦課文、解數學題目等就是需要這種思考模式。而發散式思考則剛好相反，是要盡可能從不同角度找出各式各樣的答案，並沒有固定且唯一的最佳解答。因此，當我們需要靈感時，例如玩腦筋急轉彎、寫作文想不到好

點子，就會需要發散式思考發揮作用，一般我們所謂的「創造力」、「創意」、「問題解決」大多是來自於此種思考模式。

訓練聚斂式思考，激發發散式思考

那聚斂式思考聽起來對考試比較有幫助，可以讓我們輕輕鬆鬆拿到好成績，那發散式思考對學業表現的幫助比較有限嗎？其實，這兩種思考模式都很重要。在什麼情況之下需要哪一種思考模式，則視你所從事的活動性質、種類而有所不同。一般而言，聚斂式思考比較容易訓練，在學校或是職場裡，我們較常使用聚斂式思考來面對問題，但發散式思考可就不一樣囉！發散式思考比較難透過反覆的練習來達成，這也是為什麼我們時常會羨慕其他人好像動一下頭腦，就能夠靈機一動，輕輕鬆鬆產生嶄新的創意點子。

難怪我們時常聽到人們說，不擅長背誦的人只要多花點時間下苦功，最後還是可以背誦起來，但卻沒聽過人花時間練習，就可以一直變出無窮的創意。既然發散式思考比較難透過努力不懈的堅持學來，那我們要如何

解數學需要聚斂式思考　　　畫畫需要發散式思考

變得跟其他人一樣有創意呢？其實這比你想像中的還要簡單許多，你只要站起身來，動一動就可以囉！

活動身體就可以激發創意

奧地利格拉茲大學心理學家羅明格教授（Christian Rominger）和他的研究夥伴，招募了79名大學生來參加一項實驗，他們發給這些大學生一人一個動作感應器，請他們在回家之後的五天之內，除了洗澡或睡覺之外，都要在身上佩戴著這個感應器，感應器會記錄下他們在這五天的活動情形。五天過後，研究人員再請他們到實驗室裡完成一些關於創意的測驗，像是要他們在有限的時間裡，盡力想出輪胎、雨傘等用品的特殊用法，研究人員會根據他們想出的答案，就創意程度進行評分。此外，還請他們都要完成陶倫斯創造思考測驗（Torrance Tests of Creative Thinking），藉由畫圖的方式來測出他們的創造力表現。

結果發現，身體的活動跟創意程度竟然有關聯！

在過去五天之內活動程度越活躍的人，同時也會是最具有創意的人，

陶倫斯創造思考測驗中的圖像測驗，是要求參加者利用不同類型的圖案設計，發揮創意補足、或延伸出構圖。題目中有的會給完整圖形，有的只給局部線段。

而且不一定要是強烈的運動，就算是日常生活的動作，像是走走路、騎腳踏車、打掃家裡，種種花草、洗洗碗盤或是去商店購物，只要是能活動身體的動作，都會很有效果！相較之下，整天躺在床上或是在沙發上當一顆沙發馬鈴薯，發懶著不想動動筋骨的人，他們腦袋裡的創意思考就比較沒有被激發出來。

　　不過，為什麼動動身體就可以讓我們產生有創造力的想法呢？你可能會想，動動身體可以讓我們有好心情，而好心情才激發出創意思考。但是研究者在實驗中同時也測量了動動身體、好心情以及創意思考之間是否有相關聯，結果卻顯示他們之間的關聯性很小。實驗中的大學生可能常常走路，而且容易有創意思考產生，但當下卻不見得是快樂的，這表示並不是因為好心情才激發出創意思考。

動動雙手也可以

　　如果上學或上班一整天，回到家之後沒有力氣再活動身體，那也沒關係，還有一種更簡單的方式也可幫助我們產生創意的想法！

　　前面章節提到過，許多知名演講者在舞臺上演講時，也時常會一邊講話，一邊擺出各種手勢，如果要他們立正站好，不准擺動手腳的話，還可能就因此表現得比較不好。其實，「手的擺動」不只能幫忙演講流暢，對啟發創意也能產生效果。

　　英國約克大學的心理學家寇克（Elizabeth Kirk）與研究團隊找了小學生來進行兩個不同的實驗，想看看手部動作跟創意間的關係。

　　在第一個實驗中，研究人員找了78名年齡介於9歲至11歲的小學生，讓他們觀看一系列居家用品的圖片，並要求每個人都要盡量發揮創意，想像出這些居家用品（如水壺、報紙等）有別於日常使用方式的用途，但其

中一部分人的雙手戴著手套，被固定住不能自由擺動，另一部分的人則沒有受到限制，可以隨心所欲的擺動雙手。

結果發現，孩子們在思考時雙手會不自覺的做出動作，所以雙手被固定住、不能自由擺動的孩子們所表現出的創意程度明顯比較低，而手勢比較多的孩子，想出的想法則越多！

在第二個實驗中，心理學家找來54名年齡介於8歲至11歲的小學生，這次一樣請他們去思考居家用品的其他用途，但不同的是，除了用說的，還會鼓勵他們試著用雙手示範出如何以不同方式使用這些用品給研究人員看，被鼓勵使用的孩子們平均可以做出53種不同手勢，而沒有特別被鼓勵以雙手示範的孩子，大約只會做出13種手勢。而且，被鼓勵做出更多手勢的孩子，可以思考出更多新奇的用途，創意的程度提升越高！

不要光是坐著，起來動一動吧

從以上兩個研究可以得知，無論是手、腳或是其他身體的動作，都有助於靈感的發想與創意的展現！看來只要我們是處於活動的情況下，就能夠讓人輕鬆的進入發散式思考狀態。所以，以後缺乏靈感、百思不得其解時，可別再坐在書桌前面猛搔頭了，起來走動一下會更有幫助。

如果家人或朋友看到你走來走去、動來動去，笑你像是屁股長蟲一樣奇怪，請他們不用擔心，大聲的告訴他們，你可是正在開啟創意之門呢！

看我揮動創意的翅膀！

哇賽
聊天室

　　有些早期的觀念現在回頭看，可能會覺得有點不可思議。博士小時候進行演講比賽時，都被規定雙手要放好、身體不能動，只有講到特定句子時才可以做動作，當時覺得演講就應該要這樣子。

　　等到我開始進行授課、演講後，發現自己真的會不自主的會有很多手部動作，要我站著不動開講還真是件難事啊！現在我也常需要在麥克風前錄音，即使是坐著講話，雙手仍總是閒不下來，會隨著講話過程有各種不同的擺動，所以說，演講中的手勢動作，除了可以讓聽眾加深印象外，也能幫助演講者演講更加順暢吧！

如果問我，講話時的雙手動作有什麼意義，其實我也說不上來。不過，可以確定的是，要是不讓我動，我一定會講得不順暢啊！

Q1 但是我跳完舞後就很累了，不會有什麼靈感，怎麼辦？

A1 身體動一動有助於靈感發生，但不見得動得越厲害就越有靈感喔。要是動得太激烈，注意力就只會集中在活動上，對於要產生靈感的項目例如寫作、畫畫，就會先被大腦放一邊，無法立刻有幫助。所以如果你希望在動一動的過程中產生靈感，要記得那是輕鬆的動作即可，像是走路、肢體伸展等，都是很好的方法。

Q2 一般的適度運動會有幫助嗎？

A2 當然有囉！運動的效果是全面性的，會讓人比較主動去接觸各種資訊，也會比較正向看待與其他人的互動，這就是持續讓人有較高創造力的好方法。再說，運動會讓人較不易生病，想想看，要是身體不舒服，就更難有好的靈感啦。

原來動一動就能幫助學習，好方便啊！

日常中還有更多可以活躍思考的活動喔。

日常活動隱藏進步祕笈

鍛鍊腦力，不用坐在書桌前就能辦得到！

好好睡覺、吃早餐，就是最簡單的進步妙招。利用小技巧，再大的生活挑戰都能一一破解。原來只要利用一個關鍵，就能幫助你創造好的開始，不知不覺完成目標！

第05話

越睡越聰明，按時睡覺提升學習力

　　假如明天就要考試了，手邊卻有讀也讀不完的書，你會選擇早點上床睡覺，還是會犧牲睡眠，盡可能爭取多一點讀書的時間，甚至是熬夜到天亮呢？大部分的人可能都會選擇後者，在考試前臨時抱個佛腳似乎是學生時期必經的過程，好像少睡一點就可以多讀一點，反正考完再睡個三天三夜就好。

　　美國有一位非常知名的頂尖外科醫師霍斯德（William Stewart Halsted），他研究出許多疾病的新手術方法，改善過去無法解決的手術限制。如今外科手術中常見的無菌技術、橡皮手套的使用，都是由他極力倡導並推動的。傑出的霍斯德曾說過自己不太需要睡覺，他的體力驚人，可以連續工作好幾天都不休息，從他所創建的住院醫師培訓制度就能看出端倪。

　　這種培訓是現今醫師養成的重要階段之一，霍斯德認為在這個階段中，醫師必須要住在醫院裡進行大部分的訓練，專心的學習手術技巧和醫學知識，而且要極力壓縮睡眠的時間，才能讓學習效果最大化——對於霍斯德醫師來說，睡眠根本可有可無。但是，難道一定要犧牲睡眠才能成為厲害的人嗎？

戳破不需要睡眠的假象

　　如果你正下定決心以後都要熬夜讀書，期待能考好成績，跟霍斯德醫師一樣傑出，可先別著急啊！霍斯德有個祕密沒有告訴大家……為什麼他可以睡這麼少，工作時間那麼長，還能發明出這麼多了不起的手術方法？這個祕密直到他死後多年才揭曉，原來，他是毒品古柯鹼的成癮患者。

　　吸食古柯鹼會讓精神狀態變得很亢奮，幾乎不用睡覺也不想睡覺，因此霍斯德才能具有如此驚人的體力，不過說到底，吸食毒品是錯誤的傷身行為。到頭來，霍斯德的做法其實是苦了醫學生們。對必須按制度進行住院培訓的他們來說，長年的醫師訓練過程代表著精神壓榨以及睡眠不足，他們可不是霍斯德，必須要有充足睡眠才能好好學習。如果你問他們睡眠重要嗎？他們一定異口同聲的回答你：「當然重要！」

睡飽飽精神好，學習表現跟著好

　　我們往往一不小心就疏忽睡眠的重要性，和霍斯德一樣把睡眠當作可有可無的事。其實睡眠可是很重要的，不僅僅只是影響我們的生理健康，對於我們大腦吸收新知識而言，也具有相當大的影響力。

　　加拿大麥吉爾大學的心理學家格魯伯博士（Reut Gruber）認為，睡眠對白天的學習很重要，因此若是睡不夠或是睡不好，都可能造成孩子學業表現不佳。但這個觀念卻常常被人們忽視，覺得睡得少一點也沒差。因此她設計出一套睡眠教育課程，想要了解睡眠對學生的學業成效會有什麼影響，並進一步倡導睡眠的重要性。

　　研究團隊從三所小學中找了71名年齡介於7至11歲的小學生並分成兩組，第一組有46名學生、第二組則有25名學生。在課程正式開始前，會

發給每位學生一個袋子，裡頭裝有一個記錄睡眠的手錶、一本睡眠日記，還有一些問卷，並要求這些學生在接下來的六個星期，都要戴著記錄睡眠手錶，用以記錄平時活動情況和睡眠情形。

　　第一組學生要參與一系列為期六週的「睡眠教育課程」，課程內容包含講授睡眠相關的知識、倡導充足睡眠的好習慣等。學生的家長和老師也會一同參與這個課程，並請家長在家中協助，將小孩的睡覺時間、起床時間及睡眠情況記錄在睡眠日記中。除此之外，研究團隊還會協助學校營造出睡眠友善環境，包括調整家庭作業的數量、重新安排課外活動的期程等，以減輕學生的課業負擔，讓他們在每天的日常生活中，有更多時間可以休息，保持一定時間的睡眠。而第二組的學生在這六個星期中並不需要做任何改變，只要像以往一樣上學、放學後維持平常作息就好，不過一樣需要戴著記錄睡眠的手錶，以及填寫睡眠日記、問卷等記錄作息。

　　六週後，研究人員將這些學生所有紀錄以及成績單都蒐集起來，結果發現：有參與「睡眠教育課程」的學生，他們每天的睡眠時間增加了18.2分鐘、入睡時間縮短了2.3分鐘，整體睡眠的情況也變得比較好。可別小看這小小的睡眠改變，他們發現這些學生學業成績竟也跟著進步了！特別是在數學和

所以像喬立都在數學課睡覺，就能讓數學進步嗎？

才不是！要先認真吸收知識，不然怎麼睡都沒有用！喬立起來！

語文這兩個科目。而其他沒有參加課程的學生，睡眠情況以及課業表現都沒有任何改變。

充足的睡眠到底是多久？

我們以往常聽人家說，晚上的睡眠時間至少要8個小時，但其實這個數字可能是因人、年齡而異！例如美國睡眠基金會提出的每日睡眠時數建議，就根據年齡而不同：6到13歲每天建議睡9到11個小時，青少年則每天應睡8到10小時。如果你想了解自己需要睡多久才算充足，可以參考格魯伯博士分享的方法：選一個周末，不用設定起床鬧鐘，但也不要熬夜晚睡，在一個正常且合理的時間上床睡覺，然後睡到自然醒，隔天把你這段時間睡了多久記錄下來，這個時間就是你每天應該要有的睡眠時間。接下來的日子裡，盡可能讓自己每天都遵守睡足這個時間，準時上床睡覺，照著身體自然醒來的時間起床。

發育中的兒童和青少年每天都需要充足的睡眠，才能保持充足的精力來應付白天的學習和活動。然而課業壓力如果沒有適當調節，學生的睡眠時間便會有所壓縮。除此之外，沉迷社群網路或手機遊戲，也都有可能讓人晚睡以至於睡不夠。從今天開始改變吧，降低這些影音娛樂的睡眠干擾因素，讓自己睡好一點，你會發現多那一點的睡眠，可是會有大大的好處喔！

哇賽
聊天室

　　你可能會想，自己並不在意學習表現，熬夜睡少一點又有什麼關係呢？其實，除了學習以外，睡眠還跟心理健康行為有著密切關聯。一篇2018年發表於美國著名醫學雜誌的研究中，透過67,615份青少年的問卷資料發現，睡眠時數少於6小時的青少年，攻擊行為比睡滿8小時的人高出將近2倍，自傷行動更是高出3倍之多！而臺灣的國民健康署則是在2021年，一份針對國高中生的抽樣調查發現：有25%的國高中生在過去一年內曾認真的考慮過自殺。兩項數據放在一起看，就知道讓學生們睡多一點有多重要了。

　　教育部在2022年的8月宣布開始實施延後高中到校的時間，每週至少有4天，讓學生自主規劃運用，學生可在第一節上課前（約8時10分）到校即可，這樣孩子可以有多一點的睡眠時間。不過，要落實這項政策，必須學生、家長與老師都能夠重視睡眠才行，大家別再把睡覺當成是可輕易犧牲的項目了。

Q1 很多人都說睡覺前滑手機會影響睡眠，但我這樣才會覺得放鬆啊，放鬆不是有助於睡眠嗎？

A1 睡覺前使用3C對睡眠的影響主要有兩項：首先，3C螢幕所發出來的光線直接進入眼球，會抑制俗稱「睡眠賀爾蒙」的褪黑激素分泌，一旦分泌不足，就難以入睡。其次，不論是使用3C參與社群或玩遊戲，都會讓大腦處於持續興奮的狀態，這也不利於睡眠的開展。因此建議在睡覺前盡可能不要使用3C產品，至少使用時間短於20分鐘。

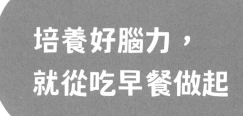

第06話

培養好腦力，
就從吃早餐做起

「早餐」是怎麼來的？你可能會說：「不就是人早上起床之後，肚子咕嚕咕嚕叫，自然就會想找點東西來吃嘛！」其實，早在18世紀以前，西方社會還沒出現「早餐」這個概念，當時起床之後第一次進食多半是在下田耕作之後，休息時所吃的食物。這些食物大都是米粥或是濃湯，搭配麵包食用，有時也可能是吃前一天晚餐吃剩的東西。這個時段的進食，通常都是攝取一點小東西來果腹，讓人有體力繼續工作，這就是以前人們最原始的早餐。

從好好吃早餐，變草草吃早餐

你的早餐內容都是哪些食物呢？你是否聽說過，臺南人早餐都吃牛肉湯配肉燥飯以及虱目魚粥？實際到臺南走一遭，確實會發現七早八早的菜市場裡，有許多人內行人坐在小吃店裡，大快朵頤的吃著豐盛的早餐，選擇更是多樣，有人會吃清粥小菜，也有人吃著湯麵、再加上一顆粽子，各種米食、麵食搭配魚腸、煎魚等。你一定很想問：「哇！這樣早餐會不會吃得太飽了？」這得回溯到以前人的習慣。由於在早期的農業社會，人們每天一早就要出門做農務，並從事大量的體力勞動，因此需要營養充足的

早餐，才有足夠的熱量消耗。這樣的飲食習慣保存至今，所以才會在臺南的巷子口看到人們吃著虱目魚、牛肉湯及肉燥飯當早餐。

然而，隨著社會型態的改變，現今的臺灣已不再是農業社會了，逐漸轉型為工商業社會，大部分生活在都市的人們，不再是一早出門務農，早晨的任務轉變為背著書包上學、提著公事包上班，甚至也有些工作可以在遠端在家裡工作，還不需要出門呢！這樣一來，身體的勞動程度不比以往，人們越來越簡化早餐的種類和分量，甚至有時候睡過頭趕不及上班上學時，便急著出門而忽略了早餐，隨便吃個幾口草草了事，更甚者乾脆就不吃，直到午餐再好好的吃一頓。

縱使我們很常聽到「不吃早餐沒辦法專心」、「不吃早餐會變笨」、「不吃早餐會讓午餐吃更多，反而變胖」等說法，但其實國人吃早餐的習慣確實不若以往重視了，以衛生福利部2022年9月所提供的資料顯示，國中學生約有83.1%有每天吃早餐，其中男學生每天吃早餐的比例為85.7%，女生為80.5%，看起來比例很高，但這也代表著仍有16.9%的國中學生沒有吃早餐的習慣，如果一個班級有40人的話，就差不多有7個人

像我一定要吃早餐，不然肚子容易生氣。

很多人都會這樣喔，甚至有個英文單字是餓怒（hangry），就是餓（hungry）和怒（angry）兩個字組合成的！

所以我早餐都吃很飽，心情總保持愉快！

沒有吃早餐的習慣，這對於身體及大腦都處於發育中的國中學生可是不太妙的呀！

早餐不吃飽，成績不會好

英國利茲大學心理學家凱蒂·阿道夫（Katie Adolphus）博士發現，現在很多學生對於早餐都不是很重視，沒有固定吃早餐的習慣，也有很多學生起床後，連早餐都沒吃就去上學了。到底早餐會不會也影響我們的課業成績呢？要怎麼知道吃早餐對學業的影響，這可是對學生相當重要的一項指標。

因此阿道夫博士與研究夥伴們共募集了294位學生進行研究，其中有67位男生、227位女生，這些學生的年齡約是16歲至18歲之間。研究人員請這些學生先回想過去一週內，每天所吃的早餐並記錄下來。團隊整理完這些學生所回報的紀錄之後，發現28.6%的學生很少或從來沒有在上學日吃過早餐、18.1%的學生在上學日中會偶爾吃早餐、53.1%的人則是經常吃早餐。看起來，英國學生不吃早餐的情況比臺灣還明顯。

知道了吃早餐的學生比例後，接下來要如何得知早餐會不會跟學業成績有關？

由於英國的中學生在16歲時必須進行英國中等教育普通證書考試（General Certificate of Secondary Education，簡稱GCSE），是每位學生要升上大學所必經的重要考試。考試中每一個科目都會獲得一個分數，所有科目所加起來的分數即為GCSE的總分。

在這研究當中，阿道夫博士便是參考了過往許多心理學研究的前例，而採用了GCSE考試當作學生學業表現的衡量標準。

當研究人員將這294位學生吃早餐的習慣與他們GCSE成績互相比對並

進一步分析之後，赫然發現這兩者竟然有關聯！結果顯示，很少吃早餐的學生中，比起常常吃早餐的學生，他們的GCSE考試平均分數會較低，相差了快兩個級別，每一個科目平均會低1.2分。

原來，不吃早餐真的有可能跟學習效果有關！

吃早餐會變聰明的祕密

這是為什麼呢？雖然學生沒吃早餐，他們還是有精神的在上課啊。阿道夫博士認為，在上課前吃早餐有助於活化大腦，可以幫助大腦正常的發展。如果在上學前沒有吃早餐的話，將會沒有足夠的營養，所以大腦就無法獲得充分能量進行良好的運作，這麼一來，學生就難以吸收新知識。而這也是為什麼，沒有吃早餐的學生考試的成績會較差。

簡單舉個例子，你就會比較好懂。有一個現象你一定也曾經歷過，回想一下，你是否曾在課堂中，肚子突然餓了起來？那時候的你，想必很難集中注意力。你滿腦子可能只會一直想著「好想吃東西、好想吃東西」，甚至在想待會下課或放學，如果能吃到什麼美食就好了。那段飢餓的時間裡，老師所講解的課程內容，你可能根本聽不進多少。

這樣想一想，就不難理解為什麼不吃早餐就成績比較差了吧。

什麼是最營養的早餐呢？

　　現在市面上販售的早餐選擇很多、很方便，而且大多數都很可口，但其實這些都不是早餐最好的選擇，它們通常都是加工食品，含有一些化學香料，口味也可能太油、太鹹或太甜。如果可以的話，請盡量不要選擇加工過多的食品，或是含有很多糖分的精緻蛋糕及麵包等。相對的，原型食物例如一杯牛奶或鮮果汁、一顆雞蛋、一片全麥土司、一些水果或蔬菜，這些都是很健康又營養的早餐選擇！

　　早餐對我們來說，不僅僅只是填飽肚子的作用，還能幫助我們好好學習，在上課前吃分營養滿點的早餐，才讓我們的大腦有充足能量，好好運作、好好發揮，學習更多新的事物！

增強記憶力的食物大抉擇

OK

牛奶、雞蛋、藍莓、南瓜、深海魚類、堅果類，都是不錯的「腦力加分」食物！

NG

奶油、糕餅與甜食、紅肉及加工肉品、全脂起司、油炸食物及速食。這些食物中，有高含量的脂肪以及精緻糖類，吃完反而會讓你變得想睡覺。

哇賽
聊天室

　　現代人們不僅常常忽略早餐,在這一天的第一餐中,還有一個有趣的現象。請仔細想想過去一個禮拜中,跟午、晚餐相比,是不是有更高的機率吃著同樣的早餐呢?

　　關於早餐,還有這麼一個來自荷蘭的有趣研究:根據將近4000人的調查紀錄,研究人員發現即使週末假期不用上班、上課,人們理應更有空閒去選擇吃其他種類的早餐,但實際上大家卻仍然會選擇和平常日子吃一樣的早餐。

　　為什麼人們對於早餐這麼不挑剔呢?

　　一方面是在日積月累的習慣中,一般人吃早餐的時間比較短,所以傾向要「快、狠、準」。另外由於早晨是人們精力最充沛的時候,因此會傾向選擇吃身體需要、較健康的食物,而不是吃起來會開心、快樂的食物,也就容易變得每天都吃一樣的早餐也不厭煩囉。

不管吃什麼,是不是每天吃一樣,最重要的還是要補充能量,讓身體大腦能夠好好運作喔!

Q1 可是我已經習慣不吃早餐，吃早餐反而會讓我上午精神不好耶。

A1 沒錯！你提到了一個重點，就是「習慣」。當你已經習慣不吃早餐了，身體會調整出可以應付的運作模式，此時突然再吃早餐，這樣的改變會讓身體不習慣，可能因此讓你覺得不太一樣囉。如果你想知道吃早餐會不會比較好，會需要持續一段時間，讓身體重新習慣，才能知道效果。

Q2 我還是覺得不太懂，所以吃早餐會不會「直接」影響學習？

A2 有沒有吃早餐其實受到很多因素的影響，例如早上起床出門如果匆忙出門的話，自然就比較沒時間吃早餐。趕著上班上課，心情不是在穩定、準備好的情況下開始一天的行程，因而不管是上班還是上課，做事效果多少會有影響。如此一來，就不一定是早餐單一原因直接影響學習。不妨也近一步思考，是什麼原因影響早上會匆忙出門呢？有可能是因為賴床，而賴床也許是沒睡飽所造成的！這樣想下來，吃早餐跟上午的心情，以及昨晚有沒有睡飽也都有關係，而且這些因素，也都可能會影響到學習。

第07話

知名吉他手「博士」的練習計畫

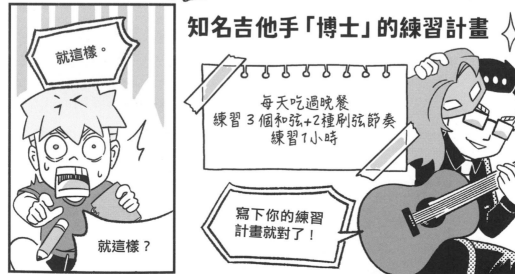

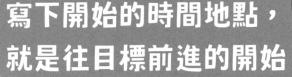

寫下開始的時間地點，就是往目標前進的開始

「我想要建立運動習慣！」當你發下豪語想要完成一個了不起的目標時，什麼會是最重要的成功要素呢？是保持運動習慣的毅力、克服美食誘惑的意志力、還是想要消除小肚腩的動機？

每一個聽起來好像都很重要，但是仔細想想，過去對自己暗自許下的承諾，有多少是直到最後仍然能夠堅持到底的呢？好像總是在一開始信心滿滿、充滿熱情，但是隨著時間流逝，當熱情逐漸消退時，當初對自己許下的承諾好像也跟著消失了。我們每個人對於自己渴望想達成的目標，必定是充滿熱情的，也都有相當的意志力，但是要完成目標，培養出「持續」的習慣才是最關鍵的！但這該怎麼做呢？

先別急著想要知道答案，讓我們先來瞧一瞧下面這個實驗。

多寫幾個字就能提升疫苗施打率？

新冠肺炎大規模流行時，政府鼓勵民眾要去施打新冠肺炎疫苗來對抗病毒，不過施打率一直沒有顯著的提升，使得政府必須採取一些利誘手段來提升施打率，例如65歲以上長者施打疫苗就可以獲得禮券或是其他禮物等。但其實早在2011年就有心理學家發現了提升疫苗施打率的好方法！

心理學家凱薩琳・米爾克曼（Katherine Milkman）和她的研究夥伴們就曾經在一家相當大型的企業進行實驗。這家公司的員工福利其中一項，就是可以讓符合資格條件的員工免費接種流感疫苗，資格條件即是年齡要50歲以上且患有慢性疾病。這家公司有9,029名員工，其中有3,272名員工符合條件可以免費施打疫苗。

　　心理學家將這些人大致分為三個組別，他們每一個人都會收到一封電子郵件，只是隨著組別不同，告知內容也會有所不同。第一組員工收到的信件內容只是通知他們可以施打流感苗、第二組員工收到的內容除了通知可以施打之外，還需要他們填寫並回覆預計要施打疫苗的日期，而第三組收到的信件內容，除了通知他們施打疫苗之外，還要求他們自己寫下預計施打疫苗的日期以及詳細的時間。

　　結果心理學家發現，疫苗接種率最高的組別是第三組，接下來是第二組，接種率最低的是只單純被告知可以施打流感疫苗的第一組。

　　從這個實驗中，我們可以觀察出提升疫苗接種率的關鍵，就是當人寫下自己要接種疫苗的資訊越詳細，就越能促使他實際的付諸行動。

計畫成了關鍵因素

　　英雄所見略同，來自英國的心理學家莎拉・米恩（Sarah Milne）和她的研究夥伴們也想

研究團隊後續還發現，這個方法也能提高病患接受大腸鏡檢查的比例呢！」

透過實驗找出方法，提升人們的生活品質。他們發現現代工業社會最常見的疾病就是心血管疾病，而這樣的疾病致死率也高，像是心臟病發作、猝死等。然而只要有規律的運動習慣，就能夠大幅度的降低罹患風險，不僅簡單又不需要花費很多錢。於是他們靈光一閃，只要能夠找出建立規律運動好習慣的關鍵因素，就能大大的幫助人們輕鬆提升健康程度，避免心血管疾病找上門來！

於是，米恩與研究夥伴從校園裡找來了248名大學生來進行為期兩週的實驗。這些大學生隨機的被分成三組，第一組為「控制組」，任務非常簡單，只要記錄這兩週以來的運動頻率就好；第二組稱為「動機組」，除了要記錄下運動頻率外，也需要閱讀一些關於運動好處的文章，更了解運動如何減低心臟相關疾病並促進身體健康的資訊。最關鍵的第三組是「計畫組」，除了跟第二組一樣有提高運動的動機之外，還要花點時間去規劃接下來的兩週內，自己會在什麼時間以及地點運動，並寫下這些計畫。

兩週過後結果發現，第一、二組大概只有三到四成的人每週至少運動一次，但是第三組那些有做運動計畫的人，卻有高達九成的人每週至少運動一次，這可是很大的差異！簡單的寫下進行的時間和地點，就可以讓多數人都一直維持運動的習慣，這樣的變化讓心理學家非常驚訝。

訂出明確的行動計畫

當我們想做一件事情，到真正著手去完成它，中間有一個很重要的因素就是「行動計畫」，這個計畫能夠明確地告訴我們何時、何地以及該如何做等具體規劃。當我們具備這個重要的因素，較可能成功達成目標，反之，缺乏了這個中間因素時，我們就很難把想法轉換成具體的行動，就算有也不會持續太久，可能做一兩次就持續不下去，更別說要養成什麼好習

慣了。

　　例如想要規律運動時，我們得擬定出一個具體可行的方案，明確訂出什麼時間要運動，是早上、中午還是晚上？要做什麼運動，跑步、游泳還是打球呢？在哪裡運動，公園、健身房還是球場？明確的將這些執行的細節寫下來，能夠幫助我們做到規律且持續的運動，甚至讓我們的行為產生自動化反應，像是如果擬定好早上要運動，並且真正的執行它，久而久之，往後只要一起床，就會自發似的覺得該去運動了，而長期持續進行相同的行為之後，自然而然地就變成了習慣。

　　米恩的實驗與前面所介紹的疫苗施打實驗，概念都是一樣的，只要設定出行動的細節，詳細的日期、時間或是地點，就能夠大大的幫助我們實際付諸行動，長期下來，就能建立良好的習慣。

　　米恩的實驗結果還可以進一步的應用在不同層面，像是當我們為自己立下一些人生目標、或是做出一些全新改變時，除了一開始動力滿滿的熱情可以幫助我們踏出第一步之外，更重要的是，做好計畫才能讓我們堅持下去，逐步完成目標。而這個計畫不需要鉅細靡遺，也不需要長篇大論，只需要拿出一張紙、一枝筆，再花一點點的時間，寫下你預計要在什麼時候與什麼地點要進行就可以了。日積月累下來，你就會發現有不可思議的變化逐漸在發生，你當初所設定的目標就會在不知不覺中完成了！

那我準備這麼多紙和筆可以建立超多好習慣吧！

重點不是紙筆的多寡！

哇賽
聊天室

　　當你有個遠大目標時，把這個目標轉化成具體的行動是非常重要的，若缺少這個步驟，目標將永遠只是目標，而不會付諸行動。目標跟行動的差別在哪裡呢？例如你的目標是希望成為第一名，要達到這個目標，有哪些行為是你一個人就可以做、可以控制的呢？那就是讀書的時間。所以就需要訂好自己的讀書時間，像是每天洗完澡先做功課、看書一小時，接著再去看電視。持續久了自然可以朝目標邁進。

Q1 可是我爸爸付錢成為健身房的會員，原本也想說每週要去運動一小時，但最後也是都沒去啊，有計畫也沒用。

A1 這種情況博士以前也曾發生過，關鍵在於行動是不是容易執行。像博士以前要去健身房需要開車20分鐘左右，不是那麼方便，所以有時心血來潮要運動時，又想說還要開車20分鐘，那把火就會滅得差不多了。現在博士的運動改成在家對面的公園，或者是家裡的跑步機，這樣一旦時間到了就可以很容易就開始執行囉。所以安排行動計畫時，請也把「容易執行」這一點考慮進去。

還有，要是一開始就把計畫訂得太難，這樣的行動方案也會容易失敗的喔，要從簡單可行的開始，再逐漸提高難度。來看看下一話給的相關建議吧！

第08話

兩個月後

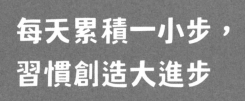

每天累積一小步，習慣創造大進步

華倫・巴菲特（Warren Buffett）是世界上最知名的投資者，常常被稱為「股神」，他曾說過一句話：「人生就像滾雪球，你只要找到溼的雪，和很長的坡道，雪球就會越滾越大。（Life is like a snowball. The important thing is finding wet snow and a really long hill.）」這句話解釋了他的投資致富之道：當人具有足夠的時間以及適當的投資產品，財富就會越累積越多。

雖然我們這節文章要談的並不是投資，卻與股神巴菲特的投資理念類似，那就是每個細微的改變，都能夠帶來最後可觀的成果。就如同滾雪球一樣，雪球在雪地上每滾一圈就會覆蓋上新的雪，越滾越是大顆。

我們在什麼時候會遇到這樣的狀況呢？不管是好習慣的養成、壞習慣的戒除、想要達到所設定的目標，甚至是想要變成什麼樣的人，都是由每個細小的改變所影響的。

習慣養成的四大原則

2019年，美國出版了一本書叫做《原子習慣》（*Atomic Habits*），一上架就造成轟動，銷售了百萬本，甚至被翻譯成五十多種語言，在世界各

地都十分暢銷。作者詹姆斯‧克利爾（James Clear）所提的「原子」概念，就是指細微的變化，書中提到如果每天都進步1%，一年之後，你會進步37倍。聽起來很驚人吧？作者的方法是這樣的，如果要養成一個好習慣，有四個原則：讓提示顯而易見、讓習慣有吸引力、讓行動輕而易舉，以及讓獎勵令人滿足。

看見提示就會去做了

舉例來說，如果你想養成多吃水果的好習慣，一般人把水果買回來，習慣性的動作是將水果冰進冰箱底層的蔬果儲藏室，但這樣一來，只有當你主動想起要吃水果時，才會去打開那個儲藏室，然而你主動想起的機率會有多少呢？事實上我們越想要養成的習慣往往越容易記不得。

假如我們換一個做法，把水果買回家時，放在桌上或是流理臺上明顯的地方，只要一看到，都會提醒我們該吃水果了！相反的，如果想要戒除花太多時間打電動的壞習慣，可以試試看每次打完電動就把遊戲機收進櫃子裡不明顯的地方，沒有看到遊戲機就不會提醒你去打電動，或是光想到要去櫃子裡拿出來接電源就會覺得好麻煩，因此降低打電動的頻率。

讓習慣有吸引力又超容易

認真畫了一個月，投稿就是給自己的最好肯定與獎勵！

試著把想要養成的習慣跟一件想要做的事情綁在一起吧！例如想要養成運動的習慣，就可以試試這樣規劃：運動30分鐘後，可以打電動10分鐘。

接下來可是最重要的——好習慣的養成取決於它的可行性，《原子習慣》的作者認為，習慣要簡單到就算沒有意願也會去做，例如每天運動30分鐘對你來說太困難了，那就試試看把它拆成2分鐘。2分鐘的運動非常好實行：告訴自己每30分鐘裡，只要運動2分鐘就好。那麼7個多小時的時間裡，就能夠完成每天運動30分鐘的目標，聽起來容易多了，對吧？

最後，別忘了達到養成好習慣的目標之後，就要給自己足夠優厚的獎勵。這可不是說減重成功後，就可以獎賞自己大吃一頓，而是獎勵要與當初的目標緊緊相連的，例如說學好英文，就可以獎勵自己去一趟期待已久的國外之旅，到國外旅行同時也可以運用學到的英文。遵循這四個習慣原則，是不是覺得養成或戒除習慣，變得容易多了呢？

改變是不可能的任務？

有時候一不小心吃太多餅乾零食或是飲料，體重就很容易直線攀升，整個人變得胖嘟嘟的，想要瘦回來又好像很難。每次想到減肥，就覺得要

胖好像很容易而且很快，但要瘦下來卻很慢又很難達成。

還有整理房間也是。好久沒打掃房間了，整個房間亂糟糟的，好像被炸彈炸過，新的東西跟舊的東西都混在一起。你是不是也曾有這樣的經驗：平常沒有整理房間的習慣，一時之間被爸爸媽媽催促著要整理，卻完全不知道該從哪邊整理起，因此也沒有動手打掃的動力。

這些一時之間想要完成的事情，不管是減肥也好，還是要整理像被原子彈轟過的房間也好，都會讓人覺得好像是一個不可能的任務啊！

等等，別這麼快就想放棄，可別太早下定論，你認為的不可能的任務或許僅僅只是轉個想法就能完成的事呢！

其實整理房間並不難，只不過是掃掃地、擦擦玻璃，把散落在桌上及地上的物品好好歸類而已嘛，為什麼大家只要聽到「打掃房間」這四個字就感到頭痛呢？背後的原因，可能是我們只要一想到要打掃這件事情，就會自動聯想到打掃應該要完成的每個步驟，包括清掃灰塵、掃地、拖地、丟掉垃圾、每一個櫃子裡的書本和物品都要擺放得整整齊齊，感覺要花好多時間和精力才能完成所有的事，一想到這些程序就不禁讓人開始覺得疲累而想逃避。

把大目標拆解為小任務

然而，來自美國的一名家務整理大師瑪拉‧西利（Marla Cilley）女士有一套超級簡單的方式，有辦法破解這個人人都會面臨的問題，讓人有辦法又快又有毅力的完成打掃房間這個不可能的任務，她的方法和剛剛所提到的《原子習慣》有異曲同工之妙，就是把一個大目標拆解成一個又一個的小任務。

西利建議，你只要拿出手表或計時器，設定計時5分鐘，然後走到房

間裡，按下計時並開始整理房間，等到5分鐘一到，就可以先放下手邊的整理工作，暫時休息一下。

　　要做一件不想做的事時，往往開頭是最困難的，一旦開始動手做，逐漸累積5分鐘、再5分鐘的進展，最後就會有很明顯的成效。同樣的，這個方式也可以應用到很多事物上，例如不想背的英文單字、不想算的數學習題或是不想寫的作文。以寫作文而言，如果要寫一篇500字的作文，只要拆分成一段一段的寫，每寫一段100字後就可以喘口氣、休息一下，重複這樣五次，一篇文章就這樣完成囉！

　　除此之外還能延伸成一個更厲害的方式：除了把困難的任務拆解成一小段一小段去完成之外，在每完成一小段任務的時候，就給自己一點獎勵。例如整理房間5分鐘一到就可以喝一口果汁，然後每滿一小時，就可以給自己來塊餅乾，這樣一來一定會讓自己比較有動力繼續往下一個5分鐘邁進，最後順利地完成一個原先自己絲毫沒有動力完成的事情。

一天一點點小改變，幫助自己變得更好

　　假如你心中有個想完成的目標，感覺不是那麼好達成，那麼就可以好好運用這篇文章學到的技巧，先設定好一個大目標，再將它拆成一個個的中繼目標，每達到一個中繼目標，就為自己設計一個加油站，就好像參加馬拉松的跑者一樣，每達到一個補給站會有一些補給品可以享用，也可以暫時休息一下。

　　把自己當成一個馬拉松跑者吧。利用每個加油站的激勵事物，鼓勵自己跑過一站又一站，最後必能達到終點。好好的運用這個小目標加補給品的技巧，如此一來，只要願意起頭，相信沒有什麼事情可以難倒你的！

　　其實有些目標用想的很困難，實際去做就會破除那種想法了。博士之前是很討厭跑步的人，覺得跑步又喘又累，很佩服那些去參加馬拉松的人。在一次的機緣下我也開始了跑步的訓練，一開始就是先從快走開始，習慣了以後就跑個5分鐘、10分鐘、15分鐘……逐漸拉長跑步距離。幾個月之後，我也去完成一次42公里的馬拉松挑戰囉！非常有成就感。

　　所以呢，很多事情都是需要先開始做，就像一句名言說的：「千里之行，始於足下！」

Q1 先從做一點點開始，那會不會一直停留在原地啊？

A1 搭配明確的目標，就可以更清楚知道該怎麼前進囉。例如有個學生立下目標，想要每天有看書的習慣，他的第一步是把書從書包拿出來放在桌上，接下來是翻開看一分鐘，逐漸增加閱讀的時間。所以說除了開始做，也是要搭配明確的目標才行，不然一直把書放在桌上不去翻也沒用啊。

Q2 但是，會不會一直卡在第一步不想動？就像剛剛說的只把書拿出來都不翻。

A2 當中有個關鍵。在於你每完成一小步，就要給自己一些小獎勵喔，這樣的正向循環會讓人有動力繼續做下去。小獎勵除了物質上的，像是喝個果汁之類的，博士更推薦心理性的獎勵，自己給自己打氣，跟家人朋友分享你的行為與成長，這都是可以獲得很棒的心理正向回饋。

學習現場的
超實用妙招

面對同樣的知識,當你使用不同的方式吸收,記憶的效果將完全不同!

準備好正向心態,抱持好奇、不怕失敗,就能開啟最強的學習模式!

第09話

一週後

不用急著搞懂，
一知半解讓人更好奇

你曾看過一個有著滿頭雜亂的白髮、吐著舌頭表情頑皮的老先生圖像嗎？他是知名的「相對論」提出者，鼎鼎有名的阿爾伯特·愛因斯坦（Albert Einstein）。他在科學領域的貢獻可是非比尋常且影響深遠，提到他的名字就會想到「天才」這兩個字。愛因斯坦出生在一個德國的猶太人家庭，在他4、5歲左右時，爸爸送給他一個小指南針，當時的他看著指南針被看不見的力量控制著轉來轉去，感到非常不可思議，他怎麼想都想不通是什麼力量在控制著指南針，心中充滿了疑惑和好奇，想著：「一定有什麼東西隱藏在背後！」這件事情深深影響了他未來的科學研究，讓他一頭栽入物理學的研究。

愛因斯坦曾說過這兩句話：「我沒有特別的天賦，只是有一顆狂熱的好奇心而已。」「我所有的科學工作都是被內心那股不可抗拒的、迫切的想要了解大自然奧祕的好奇心所驅使。」也許，這就是愛因斯坦非凡成就的源頭——每個人都會有的「好奇心」。

追求進步的最佳動力

「為什麼會有電呢？」「為什麼電話可以聽到對方的聲音呢？」「為

什麼雞生出來的蛋有殼，而人類生出來的寶寶卻沒有殼呢？」

　　科學家們很喜歡問為什麼，並努力找出答案。很多科學的大發現、技術的發明，都是人類好奇心驅動之下的產物。所以常常有人說要對這世界充滿好奇心，師長們也常常鼓勵我們多問「為什麼？」好奇心可是學習的最佳動力，若是有跟愛因斯坦一樣充沛的好奇心，也許我們也能像他們一樣厲害吧！

　　可是每一個人會感到好奇的事物都不太一樣，而且如果對於一件事物完全不了解的話，要如何讓人產生最大的好奇心？好奇心到底是如何出現的呢？

　　心理家學對這個看似普通的問題非常有興趣，並努力的想找出背後的解答，他們所找出的結果可能會讓大家跌破眼鏡，就讓我們一起透過心理學家的雙眼，看看這個謎團背後的真相吧！

引發好奇心的心理學實驗

　　美國加州大學柏克萊分校心理學家雪琳·韋德（Shirlene Wade）以及莎莉斯·基德（Celeste Kidd）對於研究「好奇心」極有熱忱，兩人合作進行一項兩階段的實驗，來了解我們在什麼狀況之下，會有最強烈的好奇心。

　　研究人員招募了87名成年人，請他們在網站上回答一些題目，像是「地球上最大的海洋叫什麼名字？」「在蜘蛛人第一集的雨中場景，女主角瑪麗珍的襯衫是什麼顏色的？」等各式各樣、五花八門的問題，總共約有100道題目。

　　在實驗的第一階段中，這些參加者回答題目後會立即顯示出正確答案，接著參加者要為個人答案的正確程度以及自己的好奇程度評分。

過一段時間後，會進行第二階段，讓這些人再回答一次一樣的題目。最後會比較結果，看看參加者在第二階段是否對題目更加了解。

一知半解最讓人感到好奇

結果發現，在第一階段參加者回答正確的題目，只有平均18題，然而到了第二階段，他們的回答正確率卻大幅的提升，正確回答的題目增加到平均69題！

除此之外，這些人對題目正確答案的好奇程度，會隨著第一階段的回答而有所不同：當參加者認為自己的回答跟正確答案越接近，對於正確答案的好奇程度會越高。而當他們的好奇程度越高，在第二階段的回答正確率也就越高！

為什麼好奇程度越高的人，在第二階段的答題狀況會有明顯的進步？他們可能是被這些題目引發了好奇心，主動去挖掘真相，找出相關知識。所以在第二個階段中，就能輕而易舉的回答正確。

那麼又是為什麼，人在認為自己的答案很接近正解時，會產生最大的好奇心呢？這是因為我們本來以為自己知道解答，結果竟然和

自己想的不同，其中產生的關鍵落差反而會使我們懷疑答案，產生更多的好奇心，進而更想主動找出事情的真相——當我們發現自己一知半解時，反而讓我們更有學習的動力。

　　人們對於新事物的學習和理解是沒有止盡的。地球的歷史可是有45億年這麼久遠，而且隨著時間的推進，也不斷產生新變化。即使是有「天才」之稱的愛因斯坦，也有許多不明白的事。世界上沒有人可以真正的全知全能，所以不要害怕自己不懂或是一知半解。好奇心是主動學習的激發動力，保有對事物的好奇，反而比起你了解多少更為重要！

我現在知道雞蛋怎麼變小雞了，其他的鳥類也是一樣的嗎？

哇賽
聊天室

　　我們在成長過程中，由於想了解身邊的陌生事物，會漸漸發展出好奇心，因此不斷的去問「為什麼」。然而隨著年齡增長，很多人容易失去問「為什麼」的動力，也許是因為學習過程中遭遇太多挫折，或是沒有從小被鼓勵問問題，也可能是每次問為什麼都得不到答案。

　　雖然現代科學科技發展快速，不懂的事情越來越多，但也因為網路資源豐富，我們有更便利的方法來滿足好奇心，不一定要靠大人協助回答。請不要因為挫折氣餒，不管你用什麼方式找答案，保持你對這世界的好奇，生活一定更加多采多姿！

Q1 一直去找答案感覺很累耶，要怎麼樣保持好奇心呢？

A1 其實，保持好奇心不是要你非得把每個答案都找出來，而是要對事物保持開放的態度，去想想有沒有其他的可能性。例如跟同學一起約出去玩，他卻一直沒出現，你可能會因為他曾上學睡過頭，便覺得他這次應該也是同樣原因遲到。但其實他有可能是錯過公車、忘記，或是生病等。像這種生活上的小事，如果可以保持開放的好奇心，等同學到來時，你就不會很生氣的想罵他，而是會想知道他發生了什麼事。

Q2 保持可能性不就表示沒有正確答案了？

A2 你可以把目前所知的當成「暫時的答案」，讓自己保留還可以修改的空間。要知道，就算是科學知識，也可能隨著知識更新的發現而改變。像是文章提到的愛因斯坦，雖然他的理論具有相當大的貢獻，但以現在的角度來看，也不是完全正確的。因此讓自己保有彈性是很重要的，這就是一種好奇心。

第10話

下個月就是學校的運動會了,今天要決定參賽選手,有賽跑、跳遠、游泳等項目,有誰要自願呢?

體育課

我我我!我要參加100公尺賽跑!

喬立曾經參加100公尺跑得不錯。但你的爆發力可以延續滿長的,

這一次要不要試試看跑400公尺?

可是我沒比過400公尺,我怕表現很差。

我這裡有讓你大幅進步的魔法!

是什麼?

那就是——接受失敗的勇氣!

總而言之,失敗的真正意義,是讓你發現自己能繼續努力、成長之處!

可以說是另一種類型的成功!

自信!

擁抱小失敗，
迎接大進展！

你的眼前有兩個報名選項，一個是你再熟悉不過且信心滿滿的比賽，另一個是你沒那麼擅長的項目，如果一定要選，你會選擇參加哪一個呢？很多人會毫不猶豫的選擇自己比較有信心的那一個比賽，因為我們都不喜歡失敗帶來的挫折感，所以會自然而然的避免面對失敗，不太想去挑戰自己不熟悉的事物。

然而，如果一直參加自己很擅長、總是可以拿到好成績的比賽，雖然可以一直帶給自己有成就感，但進步的空間就會比較小了。另一方面，常有人說「從錯誤中學習」，如果都沒有發生錯誤，就很難大幅度的進步。這樣想來實在很兩難，太簡單的話就不容易進步，太難的話又會有過多挫折感，該怎麼做會比較好呢？

恰恰好的失敗程度

美國亞利桑那大學心理學家威爾森（Robert Wilson）與其他專家，聯手設計了一個實驗，透過這個實驗，他們竟然可以算出一個恰恰好的失敗程度！

聽起來有點奇怪對吧？更特別的是，他們所找來的實驗的對象不是成

年人、也不是小孩，甚至不是人類，究竟是什麼呢？沒想到威爾森的實驗對象竟然是一部電腦！他們讓電腦執行一些作業，並從中去學習如何判斷得更精確。

例如讓電腦從一系列手寫數字的影像，去判斷數字是奇數還是偶數、比較數字的大小，或是從一堆圖片中去做分類等。最後再將眾多的判斷結果以及電腦學習進步的情況相互對照，來看看在什麼情況下，電腦的學習會最有效率。

為什麼要用電腦來模擬呢，直接找一群人來測試不是更有代表性？主要是因為他們想知道「難度」跟「學習效果」之間的單純關係。有不少心理學研究發現，人的睡眠充足與否、情緒、甚至連上午下午都會對學習產生些微的影響，更不用說每個人都會有些個別差異了。所以如果找真人進行實驗，多少還是會受到這些其他因素的干擾，難以獲得單純的「難度－學習效果」之間的關係，因此才會以電腦進行模擬的方式來研究。

神祕的數字「85」

結果發現，當數字或圖形的難度可以成功騙倒電腦，讓電腦的出錯率大約為15%時，電腦會學得最快。換句話說，當電腦答題正確率為85%時，它的學習速度是最快的、學習效果是最好的。

威爾森認為，他們的電腦模擬所得到的「85%」，就是代表著「剛剛好」的難度：做100次的嘗試，會成功85次、失敗15次。

心理學家把這個85%的數字記了下來，然後開始去回顧過去眾多專家學者的動物學習相關研究。他們很驚訝的發現，在過去一系列的學習研究中，也同樣的有這個現象！多數的學習在成功率大約是85%的時候，成效達到最高峰。也就是說這種會帶來一點點小失敗的學習裡，「有點難又不

會太難」的任務，對學習才是最好的。

直覺上我們會認為學習一件新事物時，應該要百分之百的正確，才能將它好好的學起來。其實不是這樣的，請想看看，從小到大我們不管是從學爬到走路、騎單車，或者是學數字、英文等學科，再怎麼基礎的學習，都經歷過錯誤，而每一次的錯誤當下雖然會有點不開心，卻能讓我們知道現在的方法需要修正，之後我們就會有所成長。

接受失敗才能變得更加強壯

我們總是害怕失敗，所以選擇了自己拿手的或簡單的事情做，但是這樣的成長空間反而比較少。就好比說，當我們在擅長的考試中總是獲得了滿分，雖然很開心，但這也表示無法從這個考試中知道自己哪裡還有不足的地方，反而失去了更多學習的機會。

當然囉，這也不是在鼓勵大家在考試時，把目標設定在拿到85分就好。考試的真正目的，不是要難倒大家，而是可以透過考試來了解自己還有哪裡不會或不夠清楚的地方，督促自己去學習。

當我們去體驗那些雖然會、卻沒有太大把握的嘗試，難免會遇到挑戰，甚至會帶來令人不舒服的挫折感，但只要鼓起勇氣、

喬！兒！為什麼這次分數這麼低！

是正確率85%，不是錯誤率85%喔！

博士說這是代表我成功找到了不會的地方啦——

喬立的媽媽

拿出信心，好好面對這些失敗的經驗，從中發現自己不懂的地方，如此一來，這些小小失敗反而會讓我們學習得更好、變得更加強壯有韌性！

　　傳說中，愛迪生想要讓電燈的使用更為普及而開始實驗，他在研發燈絲材料時試過上千種物質。有記者問過他：「你經歷了上千次的失敗有什麼感覺？」愛迪生回答説：「我並沒有失敗，而是發現了很多不成功的方式。」這兩句話乍聽之下是一樣的意思，不成功不就是失敗嗎？但仔細去想愛迪生的話，這代表每當他經歷一次不成功，就知道這種材料不能用，日後再去嘗試其他材料，總是能找到一種合適的。「知道某種方法行不通」，也是一種學習，畢竟沒試過就不會知道可不可行。

面對挑戰，享受愉悅

　　難易適中的挑戰，不僅能真正發揮學習的效果，還可以引發一種正向的感受。你是不是曾經玩遊戲，玩到幾乎忘了時間的流逝，一直沉浸在其中呢？你有玩過一款熱門的電玩遊戲「俄羅斯方塊」嗎？原理很簡單，就是幾種不同形狀的方塊積木會落下來，左右操控方塊落下後，要盡量連成一線消去方塊。明明遊戲規則很單純，畫面很陽春，過關也沒有什麼獎勵，大家卻會想一直玩下去。這是因為在過程中，遊戲會隨著關卡推進，越來越困難。我們一克服原來的難度，就會出現再稍微難一點的關卡。像這樣一直維持著難度剛剛好的挑戰，就會讓我們專注在裡頭，不知不覺持續努力下去。這種獨特的正向感受就被稱為「心流」（flow）。

　　很多事情都能引發心流的體驗，甚至連寫功課都會！也有人會在寫數學作業時，因為全神貫注的思考沒解開的數學題目，不知不覺就超過上床睡覺的時間。只要你面對剛剛好的挑戰，都有可能會渾然忘我，即便還沒完成挑戰，這種專心的過程也會為你帶來愉快的感覺喔！

哇賽
聊天室

2018年的國際學生能力評量計畫（Programme for International Student Assessment, PISA）結果發現，臺灣學生有一項指標是全球最高，就是「害怕失敗指數」。博士之前也做過調查，是什麼原因讓人在課堂上不願意發問或回答問題呢？不少人都分享，他們大約從國中開始就不太願意這麼做，原因是害怕答錯或者是問了蠢問題，這真的是挺可惜的。我們之所以怕犯錯，主因是不想顯露自己的不足，怕他人會認為自己不夠好。我們可以重新看待犯錯這件事，轉變為正面的理解：犯錯跟我的聰明程度無關，單純是我對這件事還不夠熟悉罷了。這樣一來，我們就可以坦然去嘗試，並透過錯誤明白該怎麼做才能更好。

Q1 如果錯誤可以幫助學習，為什麼有些題目我總是一錯再錯呢？

A1 錯誤幫助學習的前提，就是要知道為什麼犯錯。例如寫錯數學題，要知道為什麼算錯，是公式錯誤還是理解錯誤，找到犯錯的原因後，就可以修正讓下次不犯錯。但如果犯錯了又疏忽沒有去理解訂正，下次就很可能會再犯同樣的錯誤囉。

Q2 很多事情都不是成功、失敗二分法的，如果覺得一件事不算失敗但也不夠好，這種情況該怎麼辦呢？

A2 遇到這種狀況，博士最常想的是：有沒有其他方式可以做得更好呢？不要侷限在當下所使用的方法，而是多思考不同的可能性，如此一來就可以有多元的方式去嘗試解決問題。對類似的任務採用不同的方法處理，幾次之後你也會發現，哪種方法才是最適合的了。

第11話

好好練習一次，比看100遍重要

　　有人發現一個很有趣的現象，世界盃足球賽中的菁英足球運動員大部分都是在一年之中的年初出生的，而且這個現象在歐洲國家青年隊中更是明顯，以英格蘭青年隊而言，一半以上的足球運動員都是出生在1月至3月之間，以德國青年隊而言，光是整隊56個運動員當中，就有52名出生在3月以前。

　　看到這裡，你覺得是什麼原因導致這樣的現象發生？

　　選項A：1月至3月的星座比較會踢足球。

　　選項B：冬天出生的嬰兒有較高的氧氣容量，因此有利於進行足球運動的耐力。

　　選項C：喜歡看足球的父母比較可能在春天懷孕，因為春天往往是一年之中足球比賽最多的時候。

　　選項D：以上皆非。

　　請你試著回答看看吧。

天才可能只是花更多時間練習

　　這個問題，若是由心理學家安德斯・艾瑞克森（Anders Ericsson）來

回答，他會斬釘截鐵的告訴你，想都不用想，答案絕對是D！他會潑你一桶冷水說，優秀的球員跟幾月出生沒有關聯。

艾瑞克森是專門研究「傑出表現」的心理學家，畢生致力於研究各個領域的佼佼者為什麼會如此傑出，像是足球、高爾夫球、外科手術、鋼琴彈奏、寫作及象棋等。他邀請各個領域的專家表現到實驗室中進行研究，並分析出專家們這麼厲害的原因。

你一定也有聽過「天資聰穎」、「天生我材必有用」、「每個人天生就有不同的天賦和才能」、「天生靠這個吃飯」這樣的話語。你甚至可能聽過有人說，誰天生運動細胞比較好，踢起足球來特別厲害；那個人多愁善感，寫起小說來特別文情並茂；某人氣質優雅，走起路來就像是天生的名模一樣。

然而，真的是如此嗎？艾瑞克森的實驗結果會再潑我們一桶冷水。根據他多年的潛心研究結論是，根本就沒有「天才」這回事，專家幾乎都必須要有後天培養，「熟能生巧」才是真的！

1993年，艾瑞克森發表了一篇論文，研究世界頂尖的小提琴演奏家的表演，發現最優秀的小提琴演奏家之所以會如此優秀，並不是與他們天生的能力有關，而是與他自己花費多少時間練習有關。

對於艾瑞克森的研究，幾年之後，雖然也有不一樣的意見出現，姑且不論艾瑞克森的看法是否正確，可以確信的是，「練習」是相當重要的，有練習的結果絕對比不練習的結果還要好上許多！

怎麼練習有差嗎？

當學校的大考、小考接踵而來時，大家總是拿著課本一直複習，想說多讀幾遍，課本的內容就會深刻的記憶在腦袋裡，才會在考試中拿到理想的成績。

不過，還有一種不同意見的說法，認為持續閱讀的效率並不好，要閱讀完後就多進行回想練習，例如把讀過得內容寫下來，或者寫練習題，這樣才能真正吸收課本的內容，進而融會貫通。

就好像是我們用得再頻繁不過的參考書，通常讀完一個小章節，就會出現一個自我練習區，要你自己練習看看是不是已經懂了。

你是否也有想過，為什麼要這樣設計呢？讀得滾瓜爛熟之後再練習不是更好嗎？為什麼參考書不讓我們把一整個課程讀完，再全部一起出練習題，這樣不是方便又快速嗎？

當然如果時間充分的話，讀得越長、越久會越好，不過如果你想要最有效率的學習，那就不是這樣囉。研究發現，比起持續閱讀，多練習反而會讓記憶更加深刻呢！

華盛頓大學的心理學家亨利·羅迪格（Henry Roediger）及傑佛瑞·卡皮克（Jeffrey Karpicke）進行了一個實驗。他們將學生隨機分成兩組，並讓大家都閱讀同一篇文章。學習時間共20分鐘，以5分鐘做一次的間隔。第一組的學生在這20分鐘的時間之內可以盡情的反覆閱讀文章，想讀幾次就可以讀幾次，但只能夠閱讀不能夠做練習；第二組的學生在閱讀5

分鐘之後文章就會被收走，剩下的15分鐘內，學生要在腦袋裡重複回想他們剛剛閱讀的文章內容，並寫在一張空白紙上，盡可能的將還記得的內容寫下來。

「練習」幫助鞏固長期記憶

　　看了上面的實驗作法，你可能會認為只讀了5分鐘，效果應該不太好。或許短期的效果是如此，但長期觀察可就不一定了。

　　在這個研究發現，如果是學習完立刻考試的話，那麼可以讀20分鐘的

學生確實會記得比較多，這不太令人感到意外，因為他們可以閱讀的時間是比較多的。

奇怪的是，經過一個星期之後，請這些學生再次回憶文章的內容，這次竟然是那些只讀了5分鐘、其他時間都用來反覆練習的學生記得比較多，讀20分鐘的學生反而將那篇文章的內容幾乎要忘光光了！

為什麼會這樣呢？這可能是因為第二組的學生擔心自己遺忘，而在15分鐘的練習時間中，更努力的提取記憶並且書寫下來，書寫無形中強化了記憶的形成，使得內容較快進入了大腦中的長期記憶。

這個實驗也告訴我們，一直閱讀課本臨時抱佛腳，確實會獲得短時間的成果。但是如果你真的想要把知識內化成自己的資產，一直傻傻的讀課本可是沒有用的，因為可能過不了多久就又忘光光了。花了很多時間學習，卻沒有帶來相對應的成果，實在很浪費時間及精神。

而且我們學習是是為了獲取知識，而不是要應付考試的，所以長遠來看，閱讀過後多花點時間回憶或複習，這樣的學習效率確實會比較好。

在學習其他新事物時，你也可以設計一些小技巧來增進效果，就像參考書中反覆出現的分段練習區那樣。你可以安排一些段落，讓自己多多主動練習、複習，甚至是透過一些自我測驗來強化記憶，才能將寶貴的知識紮紮實實的裝進腦袋裡，知識就會日積月累越來越深厚！

哇賽
聊天室

　　前面提到的心理學家艾瑞克森曾在1975年做了一個與「記憶」有關的實驗，他請參加實驗的受試者記下一串隨機的數字，一秒一個數字，接著慢慢增加數字長度。剛開始受試者只能記得約7個數字，經過四個月左右的練習之後，受試者可以記得15個數字，再經過長達兩年的練習後，受試者可以記得的數字長度越來越長了，竟然達到了82個數字！這也使得他深信這世界上沒有所謂的天才，經過有系統性且有目的性的刻意訓練之後，人人都可以有卓越的表現。

　　在艾瑞克森的記憶訓練結束的時候，其實都還沒有到達受試者的極限。研究人員推測，只要你願意繼續練習，能夠記憶的數字長度很可能可以一直增加下去！

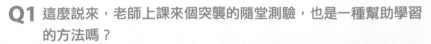

Q1 這麼說來，老師上課來個突襲的隨堂測驗，也是一種幫助學習的方法嗎？

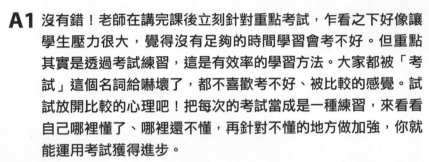

A1 沒有錯！老師在講完課後立刻針對重點考試，乍看之下好像讓學生壓力很大，覺得沒有足夠的時間學習會考不好。但重點其實是透過考試練習，這是有效率的學習方法。大家都被「考試」這個名詞給嚇壞了，都不喜歡考不好、被比較的感覺。試試放開比較的心理吧！把每次的考試當成是一種練習，來看看自己哪裡懂了、哪裡還不懂，再針對不懂的地方做加強，你就能運用考試獲得進步。

Q2 練習一定要用寫的嗎？如果説給別人聽也算嗎？

A2 當然算！用寫的或者是用説的，都是很好的練習。你也可以試試看，讀完一個故事或任何知識後，試著説給其他人聽你理解的內容，透過多次的練習，你就會掌握到內容的關鍵之處，真正學到了，才能夠講得滔滔不絕啊。

04

對的環境和資訊，讓你事半功倍

實地操作竟然比直接記憶知識有效？環境有點噪音反而可以學得更好？看電影小說也是在幫助學習？帶著幸運物，竟然就會有好表現？這些出乎意料的外在小助力，將大幅增加你的學習力！

第12話

小蘇打是鹼性,遇酸會產生氣體,常用來做麵包……

麵包!我好餓啊,實驗課如果能吃麵包就好了。

拜託,那就不叫實驗課了吧。

還可以配汽水。「認識」弱酸性。

實驗課

其實這種學習法還真的有用喔。

這麼好?!

吃吃喝喝就能拿A⁺⁺

不是這個意思!

我是說親身去製作、觀察事物,真的能幫你有效學習相關知識。

不過麵包……是可以讓大家體驗一下啦!

麵團要揉到表面光滑才行喔。

不是吃麵包,是做麵包啊。

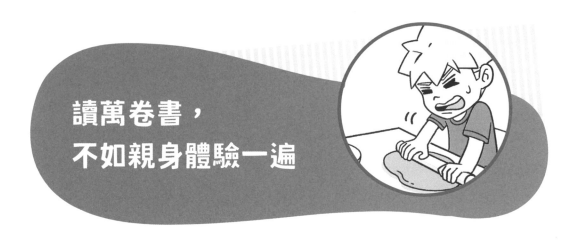

讀萬卷書，不如親身體驗一遍

你是否曾和許多同年齡的人，一起參加過在大自然中生活的露營活動呢？過程中需要自己動手搭帳篷、生火煮飯以及營火晚會，參加後你會感覺自己多了一些求生的技能；與營隊的老師及同學感情還會變得比較緊密，留下來了許多美好的回憶。這麼棒的活動是怎麼發展出來的呢？

營隊學習是這樣來的

美國一名教育家弗雷德里克・岡恩（Frederick Gunn），是後人公認的「露營之父」，他大約在1850年左右創辦了一所學校，立有三大願景：「塑造良好品格的重要性，廢除奴隸制度，對大自然保有敬畏」。

岡恩認為大自然就是我們最好的老師，而且學生學習如何在戶外生存，還可以為當時即將面臨的戰爭預作準備。

因此只要天氣好，岡恩就會向學生宣布今天放假，不用在教室讀書，並帶著學生徒步穿過校園附近的樹林和河流，欣賞美麗的風景，認識星空中的星座、辨認花朵的種類以及鳥兒的叫聲。到了冬天，他們還會走在河床上，尋找動物的足跡以及動物們冬眠的洞穴。

1860年左右，有別於以往的短程步行，岡恩規劃了第一次與學生共

同的長途跋涉。他們從華盛頓出發，徒步走了約48公里左右（大約是從臺北走到了桃園），來到了位於康乃狄克州海岸邊的米爾福德市，在這裡紮營、游泳以及尋找食物，這就是夏令營最原始的模樣。岡恩認為透過這樣的戶外學習模式，可以使學生的智能及體能均衡的發展。

　　岡恩的教育理念確實與當時的普遍作法不同，他倡導走出教室外，向大自然學習。這也許真的是一個不錯的選擇，從該校畢業的學生後來也出現許多在各個領域發光發熱的佼佼者。

　　例如1866年畢業的威廉‧漢密爾頓‧吉布森（William Hamilton Gibson），他是知名的博物學家、作家和插畫家，並以自然風景的擬真描繪而聞名；1876年畢業的理查德‧伯頓（Richard Burton）則是成為一名以專門講授世界自然奇觀的知名講師。

　　學生時期若能大量接觸到自然環境，將會深深影響他們對於未來職業的選擇，這樣的經驗也很有機會引領著他們，成為該領域的專業人員。

　　像這樣的營隊學習模式已發展一百多年，如今在營隊中所學習的知識種類已經不再限於戶外活動，有音樂營對、數學營對、程式設計營隊等。不管是學習什麼，這些營隊共同的特點皆是讓你放下書本、跳脫於課堂之外，重點在親身經歷，親眼見證的體驗式學習。

原來夏令營一開始是跟戰爭有關。

不過本來人學習知識，有很大一部分都是為了要生存啊。

親身體驗和單純吸收知識的差別

「一朵美麗的花，通常有花萼、花冠、雄蕊和雌蕊……」當老師在課堂中這樣介紹著花朵的構造，聽起來有點難以想像，每個名詞也都很難記住。但是，當一朵花就在你眼前，你可以靠近去嗅聞芳香，親眼去認識每一個花的構造，是不是就讓人比較印象深刻呢？

東方有一句諺語：「讀萬卷書不如行萬里路。」這告訴我們，與其窩在家裡讀好幾萬本的書所學到的知識，還不比上出門走走旅行所學到的經驗呢！而很神奇的，來自西方的心理學家也發現了一樣的現象。

心理學教授蕾拉・安格爾（Layla Unger）與安娜・費雪（Anna Fisher）想知道，當我們用親身經歷的方式去學習新事物，學習的效果是不是真的會比較好，而且學得比較快，於是她們一起設計並進行了一項心理學實驗，來一探究竟。

她們所採用的實驗，就與營隊活動有關。實驗中徵求了28名年齡介於4至9歲的孩子，參加為期四天的動物園營隊，並讓另外32名同樣年齡的孩子參加一般的營隊。

在兩個營隊活動開始第一天，研究人員讓所有孩子都進行一個動物分類測驗，測量是否能正確辨別並分類哺乳類、鳥類及爬行類動物等。

在動物園營隊中有一系列的課程，包含聽講、與真實的動物互動、動物園遊覽以及手作課程等等，活動的內容都會與動物相關，但並不會特別教導他們辨別哺乳類、鳥類以及爬行類動物等種類之間的不同。最後一天再讓所有孩子進行一次動物分類測驗。這個研究想知道在經過課程活動之後，孩子們對於動物分類的知識和能力是否有所改變。

果不其然，有趣的事情發生了！參加動物園營隊的人，在分類動物的測驗明顯進步，正確率提高許多；然而，參加一般營隊的人卻沒有這個現

象。這些人在參加營隊前對於動物的知識和能力都是差不多的，但結束之後，動物園營隊的參加者明顯進步了。

親身體驗為什麼能幫助學習？

很多人一定會聯想到，是課程教會這些小孩子相關知識的。然而剛剛有提到，在動物園營隊的所有活動中，可是沒有特別教導他們如何辨別哺乳類動物、鳥類以及爬行類動物的課程喔！

那麼又是什麼原因，讓這些學員更能辨別動物的種類呢？這是由於孩子們透過親身經歷的機會，促進了組織相關知識的能力，使他們能在腦袋裡，快速回憶起已經學得的知識，並有效吸取新知識，這是我們在學習時，很重要的關鍵因素之一。

在真實情境中的體驗，能讓我們學習的更好、更快速。除此之外，增進學習能力的過程，並不需要花上好幾年或好幾個月的時間，僅僅只要幾天的時間就能夠產生效果。

我們生活周遭也有許多體驗學習的機會，例如博物館、水族館及天文館等，這些公共資源都提供了非常豐富、多樣的資訊和知識，全是很棒的學習寶庫！

更重要的是，學校所提供的實驗課程可是最方便又最快速的學習資源，可不要覺得沒有照著課本學習就是在浪費時間，這可是體現動手做的最佳學習媒介。親自做過實驗之後，收穫可是比背背課本上死板又一致的答案還要豐富許多，而且印象更為深刻呢！

哇賽
聊天室

　　有些知識光看書可能不太明白，最好還是經由體驗，才能快速又深刻的記起來。舉例來說，你知道焢窯是什麼嗎？如果是一本書上的介紹，那應該會寫著：「焢窯就是在地上挖一個坑洞，接著堆上泥塊蓋起一個像堡壘的中空窯體，將地瓜或雞蛋等等的食材包好放進窯體內，然後點火讓窯體燜燒，過沒多久就可以讓食材燜熟了。」

　　這樣的一段話很難讓人理解整個焢窯的流程是怎麼樣、為什麼會有樂趣。但如果實際親身體驗過，動手做的經驗卻能讓你印象深刻，當你自己堆上泥塊放好食材，煮好時再吃下肚，配合那樣的味道，你會一輩子都記得怎麼焢窯。體驗課程除了吸收目標資訊，那整個情境的狀態，以及你的情緒，都會一起記在腦海，不僅能幫助你更深刻的記憶知識，也將成為你的珍貴回憶。

Q1 可是那些體驗課程都好花時間，我可以只看影片就好嗎？這樣比較有效率。

A1 生活當中很多的學習，如果可以透過視覺、嗅覺、聽覺、觸覺、動覺等，以及手腳並用動手做，就會對那個經驗特別印象深刻，記憶也會比較好。這就是上面說的，會把那整個情境的狀態一起記下來。而當你有了多元又深刻的體驗，日後也會比較容易跟其他學習經驗連結。

Q2 一定要在戶外，才能有比較好的體驗學習嗎？

A2 當然不是，像現在已經有很多非戶外體驗的營隊。其實，只要是可以讓你沉浸在裡頭，透過各種感官去體驗的學習都很棒。不過如果平常居住在都市，很少有機會接觸大自然的話，選擇離開舒適圈，去進行不同的生活與學習，也可以擁有跟平常在學校完全不同的體驗。

第13話

早午餐與咖啡館

費斯也來咖啡館啊。

對啊,我來這裡寫作文作業。

這裡交談聲多,不會太干擾嗎?

像我家弟弟妹妹老是追逐吵鬧,我就覺得很吵。

可是像我家隔音太好,家人又都不在,太安靜了我反而寫不出來。

在咖啡館倒是文思泉湧。

其實剛剛好的噪音,反而能幫助人激發創意喔。

所以不少人都選擇在咖啡館工作呢

對了,喬立剛剛也來了,說要來寫報告。

他在後面那桌。

人呢?

竟然分心去找咖啡師博士聊天了。

看來喬立不適合來咖啡館啊。

適度的噪音，讓人更有創意

你有沒有在圖書館讀書過？周遭通常很安靜，如果有人聊天、東西掉落，就會讓你分心。剛剛讀到哪裡，可能一下就忘記了。噪音確實惱人，更不用說如果我們在家裡寫數學題目，萬一遇到外面在施工，那更是讓人煩躁，無法靜心。

人人都想遠離噪音，這點可說是無庸置疑。但讓我們來想一想，人們為什麼會討厭噪音呢？

噪音引起的不舒服從哪來？

英國倫敦大學以及紐卡斯爾大學的研究人員為了找出為什麼我們聽到噪音會感覺這麼不舒服，募集了13名受試者，並透過功能性核磁共振造影（Functional Magnetic resonance Imaging, fMRI）檢查他們的腦部變化。這個實驗是想觀察人們聽到噪音時，腦部會產生何種反應。結果發現，當人認為某個噪音聽起來非常不舒服時，像是刀子刮玻璃瓶、粉筆刮黑板的聲音等，這時他們大腦裡負責處理聲音的聽覺皮質（auditory cortex）與負面情緒相關聯的杏仁核（amygdala）越會活躍的互相作用、彼此影響；但當聽到的聲音不會讓人感到不舒服時，像是水流的聲音或是嬰兒的

笑聲等，人們的腦部就沒有如此的活躍反應。

這樣的大腦反應表示，當我聽到令人難以忍受的噪音時，大腦裡的杏仁核可能傳送了一個痛苦訊號給聽覺皮質，所以會產生不舒服的感受。

最讓人無法專心的噪音

明白噪音令人不舒服的生理機制後，接下來你可能會疑惑，那什麼是讓人最無法專心的聲音呢？也許每個人不喜歡的噪音不同，但心理學家還是做了一個實驗，找出聽了最會讓人無法專心的聲音。

心理學家羅斯瑪麗・索科爾・常（Rosemarie Sokol Chang）以及湯普森（Nicholas S. Thompson）招募了33名大學生以及26名已為人父母的家長，這些家長家中皆育有年齡介於約4個月至4歲的孩童。

接下來，心理學家讓他們一邊做著數學題目，一邊會聽到6種不同的聲響，來看哪種聲音對於專注的影響比較大。這六種聲響分別是媽媽用誇張的寶寶語說話、哭哭啼啼聲、嬰兒響亮的哭聲、成年人正常講話的聲音、機器發出的嗡嗡聲以及安靜無聲，這些聲音會隨機的出現。

特別的是，那段哭哭啼啼的聲音其實是成人錄製出來的聲音，因為研究人員發現，要幼童裝出連續不斷的哭啼聲實在很困難，加上已有其他研究結果表示，成人和幼童所發出

研究還發現，男性聽到孩童的哭啼聲，分心程度也跟女性差不多！

所以可別再説爸爸對孩子的哭聲都沒反應了！

的哭啼聲其實是非常相似的，因此就算請成人錄製，聽的人也會以為是幼童的哭哭啼啼聲。

　　猜猜看，這6種聲響哪一種會令人最無法專心呢？答案絕對讓你意想不到——哭哭啼啼聲會讓人最為分心，受試者完成的數學題目最少，而且也答錯最多。其次是嬰兒的哭聲，而且不管受試者有沒有養育小孩，結果都是差不多的！不過人們會覺得哭哭啼啼的聲音以及嬰兒的哭聲非常惱人，這可能是人類先天的原始設定喔，因為這樣才能引起父母或是照顧者的注意，趕快去查看孩子是否有什麼狀況，如此才有利於孩童的生存，可是具有演化上的意義呢！

促進創造力的是咖啡還是咖啡館

　　話又說回來，在什麼樣的環境之下會讓我們最專心，最適合工作或是學習？通常我們第一個直覺會想到，應該是一個安靜又舒適的環境吧，畢竟，誰能夠忍受在吵雜的環境中工作或是讀書呢？

　　然而，這個問題可能沒有一個正確的標準答案，不一定越安靜越能讓我們專心喔！不同的工作或學習內容，可能會適合在不同的環境中進行，這也是為什麼有的人會選擇去咖啡館找靈感，而有的人則選擇在家裡工作或是讀書。

　　「如果我不在家，就是在咖啡館；如果我不是在咖啡館，就是在往咖啡館的路上。」這句話是19世紀奧地利詩人彼得・艾登貝格（Peter Altenberg）的名言，他有許多作品都是在他最愛的咖啡館裡完成的。除此之外，還有非常多知名的作家、作曲家，都是在咖啡館裡一邊喝著咖啡，一邊在腦袋裡激發出靈感，創造出偉大的作品。為什麼有些人能夠在咖啡館裡工作或是創作，是因為喝咖啡還是咖啡館環境的關係呢？

剛剛好的噪音有最佳的效果

為了找出這個答案，美國伊利諾伊大學香檳分校的米塔（Ravi Mehta）教授進行了一系列實驗，研究噪音對創造力思考的影響。研究人員為了製造出這個實驗的噪音，特地去咖啡館裡、大馬路旁及建築工地等日常生活會出現的環境裡收錄聲音，讓參加實驗的人可以聽到我們平時熟悉的環境噪音，並確保每一個人所聽到的聲音音量都是一致的。

他們讓招募來參加實驗的人隨機分成四組，不同組別分別安排在一個安靜無聲的空間、50分貝噪音的空間、70分貝噪音的空間，以及85分貝噪音的空間，而且所有的人都要完成一份測量創造力程度的量表。

看到這裡，你一定會想，誰會喜歡噪音呢？這些人一定是在安靜的環境下進行測驗，才會表現得最好吧！

然而結果就是令人出乎意料，在安靜、50分貝以及85分貝噪音這三

組之間，大家的創造力表現並沒有明顯的差異，都差不多糟糕，但是在70分貝的這個組別，創造力表現是明顯比較好的！

你一定也非常好奇，70分貝或85分貝的音量大小大概是怎麼樣呢？70分貝大概就是咖啡館裡的聲音或是一般在看電視、聽收音機的聲音，而85分貝差不多是大卡車行駛的聲音或吸塵器轟轟作響運作的聲音。

米塔教授對於這樣的結果也感到十分訝異，他也和我們一樣，都覺得安靜的環境對我們一定是比較好的，結果卻沒想到在安靜環境下的表現居然與吵鬧的環境一樣糟。這表示當我們在找尋靈感及工作時，刻意營造安靜的環境不見得是最好的。如果需要有腦力激盪的話，在一個不會太安靜但也不會太吵雜的環境之下，反而較能夠激發我們的創意。

為什麼會產生這樣令大家跌破眼鏡的現象呢？

這是因為在音量剛剛好的背景噪音下，我們一般的思考模式會受到一點點干擾，這可以讓想像力施展開來，促進我們抽象思考的能力，使得思考問題的範圍會變得比較寬廣，但又不至於完全無法集中精神。像這種輕微程度的「微分心」狀態，最適合我們進行那些需要產生創意想法的作業或工作。

不過請注意，適度的噪音只對要展現創意的作業有效果，如果是需要全神灌注、注意細節的作業，可能就較不適合喔！像這樣的作業，反而是需要在安靜環境下比較合適呢！

哇賽
聊天室

　　咖啡館裡，除了適度的噪音可以幫助我們進入一種微分心狀態之外，整個空間中的光線、擺設、咖啡及食物的香味，以及來來往往駐足的客人，都給了我們視覺、味覺及聽覺等等的些微感官刺激，這些微刺激或許也在幫助大腦激發有別於以往的不同想法和靈感，進而使得我們有更多好點子、創意產生。如果要進行創作，感到靈感枯竭時，可別乾坐在位置上等靈感降臨，不妨帶著筆電或是紙筆，去咖啡館喝杯咖啡、飲料，說不定創新的想法就會突然迸進腦袋裡呢！

你聽過「白噪音」這個說法嗎？一般是指在人類耳朵可以接收的範圍內，維持一定強度的聲音。例如海浪聲、冷氣或機械持續運轉的聲響。跟咖啡館環境音的效果類似，有些人會特意播放這些聲響的網路音檔一邊工作，藉此提升自己的效率。

Q1 可是我跟朋友一起去咖啡館或速食店寫作業，常常會寫沒多少就開始聊天，接著就一發不可收拾，都在聊天了。

A1 確實並不是每個人都適合在咖啡館或速食店這種環境工作，有個很關鍵的因素，就是習慣。如果你平常在這些環境時，都跟同學朋友一起聊天歡笑，這樣的習慣就會影響你在裡頭的表現。身體跟大腦會不知不覺受到環境的影響，就開始做起平常做的事了。另外，也有些人對於有人在聊天這件事很敏感，很難忽略其他人講話的聲音。所以囉，還是要看自己的習慣與特性而定。

Q2 假如我很適合在咖啡館讀書寫作業，可是去那裡很花錢，我可以在家裡創造出類似的環境嗎？

A2 當然可以！你可以利用類似的光線、擺設，以及在網路上找咖啡館環境音效播放，幫助你進入情境。你也可以幫自己設定一些固定的小儀式，讓你更快沉浸在寫作業的氛圍中。例如習慣泡一杯喜歡的飲料或倒一杯溫水，然後把書、筆記和文具擺在固定的位置，暗示自己「正處在讀書的環境囉」，利用這個方式啟動你的讀書模式。

第14話

常看小說和電影，就能增強思考

「哎呀！你怎麼還在看小說？還不趕快去讀書！」「不要整天看課外書，這些時間拿去看學校的書該有多好！」當我們寫完功課或周末放假時，滿懷著期待翻開那等候已久的精采小說或漫畫，卻被爸爸、媽媽撞見。在你百般無奈且感到忿忿不平的闔上書以前，可先別責怪爸爸、媽媽想法食古不化。

其實，過去數十年前，校園裡是禁止課外讀物的，只要被導師或是科任老師發現書包裡藏著不是課本的書籍，就會被以閱讀不良書籍的名義給沒收！有些家長從小就被灌輸著這樣的觀念，覺得閱讀課外讀物會影響課業的表現，因而也以同樣的想法來限制孩子讀「閒書」。所幸這幾年教育現日益重視學生的閱讀素養，越來越多家長的觀念隨之改變，鼓勵課外閱讀的風氣也逐漸興盛起來。

小說和漫畫竟然被當作課外「毒物」

以人類長遠的歷史來看，過去的統治者就經常會「限制人民讀什麼」。在春秋戰國時代，秦始皇統一六國之後的第8年，宰相李斯就向秦始皇建議，為了防止人民老是閱讀過去的書籍，反對現今國家的統一政

策，最好把過去流傳下來的歷史文書及詩書經典給燒了。秦始皇聽了覺得有道理，於是下令除了醫藥、種樹及占卜等書籍，其餘一些歷史文書通通都放火燒了！

不僅僅是東方國家，就連西方國家也認為「書」會影響人們的思想。1954年，美國一名心理學家名叫弗雷德里克‧魏特漢（Frederic Wertham）出版了一本書，書名叫《純真的誘惑》（Seduction of the Innocent）。

他在書中大力抨擊漫畫和電視引誘青少年走向邪惡道路，漫畫的暴力情節與青少年的犯罪具有因果關係，甚至還說出「蝙蝠俠和羅賓是同性戀」、「神力女超人也是同性戀」這種在現今看來是相當荒謬的歧視言論。這本書出版之後，在當時的社會上引起很大的迴響，許多家長們紛紛舉雙手贊成，認為孩子看漫畫會降低智商，造成社會的危害。

不久之後，這股風潮也吹向了當時被美國占領的日本。日本各地發起了抵制低俗漫畫的焚書活動，老師們沒收孩子們帶來學校漫畫，並集中在學校的操場進行焚燒。很快的，這場「驅逐不良書籍運動」逐漸失控，原本只針對低俗漫畫進行抵制，卻不知何故的延燒到熱門的兒童漫畫中，許多知名的漫畫家創作的作品都受到衝擊，像是現今被尊稱為「日本漫畫之父」的手塚治虫作品也慘遭影響。

很難想像吧！如今我們在電影中看到逞奸除惡的超級英雄，竟是當年被認為會汙染孩童的罪魁禍首。就連畫出熱血又勇敢的原子小金剛，以及帥氣又神祕的怪醫黑傑克的知名漫畫家手塚治虫，也被認為是邪惡的來源。這一切都是因為人們恐懼「書籍」會控制、影響思想，讓我們變笨、變壞。

現今已幾乎不曾聽見如此不可思議的言論了，校園裡也會推廣著書籍借閱的活動，鼓勵我們去觀賞經典的電影名著。學習本來就不應該拘限在

課本之中，世界那麼大，知識那麼廣，課本的書可無法教會我們所有的事情呢！實際上呢，閱讀小說與觀賞電影除了能夠帶給我們娛樂與想像空間外，心理學家還發現，這些內容竟然還對我們的思考能力有所幫助，而且劇情越稀奇古怪，效果可是越好！這究竟是怎麼一回事呢？

離奇故事增進思考表現

美國哥倫比亞大學心理學家普路（Travis Proulx）與海茵（Steven Heine）進行了一個研究，他們找來40名學生並隨機分成兩組，每個人都需要閱讀一段故事。

第一組學生所讀的故事是由知名小說家卡夫卡（Franz Kafka）所撰寫的，他的作品以曲折離奇且偏離現實著名；第二組學生所閱讀的故事則是一般性的故事，情節普通且合理，就像生活中會發生的事情一樣。

學生閱讀完後要做一個思考作業，每個人會拿到一張紙，上面寫了45行英文字母，每行大約6到9個字母不

等，全部都由 M、R、T、V、X 所組成。

　　這些字母的組成是有一定規則的，但是一時之間可能不會發現，心理學家請這些學生把這45行字母用筆抄下來。接下來會再發給他們另一張紙，上面寫了60行的英文字母，其中一半的字母排列是跟剛剛那張遵循著一樣的規則。

　　有一些學生會發現這個規則，心理學家便要他們把符合規則的字母列旁邊用筆作記號打勾勾。之後再把所有人的資料蒐集起來進行分析，看看閱讀不同類型小說的人，表現會不會有所差異。

　　結果發現，那些閱讀曲折離奇故事的學生，打勾勾的字母列比閱讀一般故事的學生們多出30%。也就是說，這些學生比較會動腦去思考這些邏輯，並且較容易發現這些字母列符合一定規則，他們在思考作業上的表現比起閱讀一般故事的學生還要來得好。

促進動腦的關鍵

　　後來，心理學家認為，既然閱讀科幻小說有這樣的效果，那看科幻電影也應該可以幫助我們動動腦，提升思考能力吧？於是心理學家把實驗的工具從書本替換成電影，讓實驗對象觀看不同的電影，一種是怪奇、荒誕的科幻電影，而另一種則是一般的卡通電影，看完後同樣讓他們完成字母排列的作業。結果也發現類似的現象，觀看劇情越是離奇、曲折的人，他們的字母排列規則的判斷表現得比較好，這也就是說，觀賞科幻電影確實也能提升我們思考的能力。

　　為什麼僅僅是閱讀曲折離奇的故事，就會促進我們的思考表現呢？

　　背後的原因，可能是由於當我們生活周遭發生的事物是可理解且合理時，我們就不太會動腦筋去思考，常常使用直覺去作反應；然而，當重大

災難或奇怪、不合正常邏輯的事物發生時，我們便會想要找出事情發生的原因，就會集中精神去注意周遭的細節變化，並注意之間是否有關聯，如此一來就提升了我們的思考能力囉！

　　所以啊，下次讀書讀累了，不妨暫時放下手中的課本，拿起一本科幻小說來讀，或看場奇幻電影。你可以拿這篇文章給家長瞧瞧，讓他們知道課外讀物或是觀賞電影，不僅有休閒娛樂的效果，還能幫助我們提升思考能力呢！

無論是科幻、奇幻、離奇、鬼怪、妖怪故事統統給我拿過來！這樣包準我的思考力要超進化了！

哇賽
聊天室

　　你喜歡閱讀什麼類型的故事呢？博士小學時最愛看的小說是《聊齋誌異》，每每都會被當中的神怪情節與奇幻發展吸引，閱讀時也不禁會想：真的會有這樣的情況發生嗎？雖然不知道當時有沒有因此增強了思考力，但讀著讀著確實拓展了我不小的想像空間。其實呢，曲折離奇或超展開的小說、電影情節，就像是在挑戰並翻轉我們既有的認知，讓我們知道這世界上還有更多未知性和可能性，在等待我們發掘呢。

　　所謂的科幻小說，較普遍的解釋是，利用類似科學的方式去描述幻想、虛構的情節或世界觀。也就是說，即使這小說的內容是虛構的，但整體必須講究邏輯。歷史上的第一本科幻小說，一般是指19世紀英國女作家瑪麗·雪萊的作品《科學怪人》。

Q1 我超愛看科幻小說，看了這篇後，我可以看更多小說，來讓自己腦力 UP UP!

A1 等等，話不是這樣說的。雖然研究顯示看科幻小說可以讓人拓展思考，但並不代表看越多表現越好喔，不能這樣冒然推論。況且，我們一般閱讀的時間有限，如果都投注在科幻小說裡，也會侷限了閱讀的多元性，這就跟希望能有多元思考的方向矛盾啦。因此還是廣泛涉獵不同領域的作品會比較好。

Q2 可是我比較喜歡看愛情小說，這樣也會有拓展思考的效果嗎？

A2 這可能就難說了，要看在談論愛情之外，是否有什麼特別的世界觀設定，例如發生在未來世界或異世界。科幻小說之所以可以拓展思考，是因為內容會有很多超越讀者想像的設定，會讓人有大開眼界的感覺，愛情小說一般比較不會有這種效果。

第15話

好神奇呀。

橡皮擦怎麼了嗎？

博士給了我這個好運橡皮擦，說會讓我演說比賽順利，真的效果超好。

我也有拿到博士幸運物耶，我的是一顆紙星星。

我是在投稿給出版社前拿到的，後來真的入選了！

該不會博士真的有很多幸運小物？

根本沒有什麼特殊魔力啦，博士只是剛好帶著那些東西。

那到底是？

自信──

祕密就在你們自己身上喔。

開心

真的假的？幸運物真的能帶來好運

有些球員在比賽時，會穿著他們專屬號碼的球衣，而這些號碼對他們而言往往不僅是數字的組合，還具有特別的意義。如果比賽連勝的話，使用過的物品像是帽子也會傾向不洗，希望可以把好運延續下去。我們也聽過黃色水晶可以帶來財富、粉紅色水晶可以帶來好人緣等說法，這些都是我們很常聽到的，所謂的「幸運號碼」或是「幸運物」。

你有屬於自己的幸運物或幸運數字嗎？

從古至今，人們總是需要幸運物

在我們人生的重要時刻或是參加一些競賽，感到緊張不安時，總是會想到我們的幸運物，好像帶著它，就可以真的為我們帶來幸運。也因此，許多商店裡，擺著玲瑯滿目的幸運手環、幸運石、幸運水晶等等，等著我們為了討個好運而上門購買。

並不是因為近代商品變多了，人們才賦予物品特殊意義，其實從很久很久以前，人類就有這類的行為。在最早的時候，人就已經會把大自然的產物當成幸運物，如動物的骨頭、貝殼、石頭和植物等。例如史前時期，人們會將骨頭和貝殼配戴在身上，以示對神靈的尊重，並祈求保護。

在華人文化中，長久以來，「玉」一直被視為具有幸運特質，不但可以保護身體和靈魂，還會帶來好運和幸福。因此，許多人會佩戴玉製的飾品或將玉石雕刻放置在家中或辦公室，以求好運和保平安。

演變至今，幸運物有著更多元的形式，還能夠依照特定節日做搭配。例如在農曆過年期間，很多人都偏好穿紅色的衣物，甚至連內衣內褲也都要紅色，表示喜氣洋洋、希望可以為新的一年帶來好運。

不過紅色代表喜氣這件事，主要是華人文化才這麼認為，在西方國家，紅色並沒有這種象徵喔。看來所謂的幸運象徵，還會因人、因地而異啊，並不見得是全世界通用的。

既然各地文化中，與幸運物品相關的行為如此長久，看來應該真的有其效果吧？如果沒有效果的話，應該不會這麼多人使用、而且把這種行為延續上千年才對。

但這聽起來不科學啊，難道把好運意義加在一樣事物上，就真的會帶來好事嗎？我們應該要怎麼看待這種行為呢？別擔心，行為心理學家也注意到了人們熱愛幸運物，跟我們有一樣的疑惑。心理學家對這種行為進行了一些研究，得到了很棒的成果，讓我們來看看這是怎麼一回事吧。

幸運球帶來好表現？

來自德國科隆大學的心理學家達米斯（Lysann Damisch）與他的同事

們，曾經進行了一系列關於幸運物的實驗。

在第一個實驗中，一共招募了28名大學生來打高爾夫球。咦？等一下！高爾夫球跟幸運物有什麼關係呢？

原來，心理學家把高爾夫球當作幸運物來進行這個實驗，在那些大學生準備推球之前，研究人員會告訴一部分的人說：「你用的這些高爾夫球是幸運球，會帶來好運喔！」同時會告訴另一群人，這只是平常使用的一般高爾夫球。不過實際上，所有人都是使用一模一樣、一般的高爾夫球，兩群人所使用的球並沒有什麼不同。

結果那些以為自己使用幸運球的大學生，大約每10桿就有6.4桿是成功進洞的；但以為自己用的是一般高爾夫球的大學生，平均才進4.8桿。從數據上看起來，被告知說他們拿到幸運球的大學生表現比較好，似乎真的被「幸運」所影響了。

這就很像是從神社宮廟購買御守或幸運符、向神明祈求來的發財金，以及有些高人加持過的物品一樣。但話又說回來，像這類幸運物都是外來的，是他人給的特定物品，這不就表示幸運無法自己決定，一定要外在賦予才行嗎？聽起來，跟我們的生活經驗不完全一樣

個人幸運物的神祕力量

生活中常見的幸運物，並不見得都是別人給的，很多人都會有自己專屬的幸運物品，像是一張照片、吊飾、布偶之類的，這種擁有自己獨特感情的物品會不會有效呢？因此心理學家針對這個疑問，又做了一個實驗。

這次的實驗找來41名大學生，請他們進行猜字謎比賽，並告知可以攜帶自己的幸運物來參加。在比賽開始之前，研究人員會告訴這些人說，研究單位要將幸運物拍照紀錄，所以每個人都會將幸運物交出來。

在拍照流程結束後，只有一半的人可以拿回自己的幸運物，帶著它們繼續參加字謎比賽。但有另一半的人卻會被告知，因為物品拍攝時間有些延誤，所以得等到比賽結束之後，才會將幸運物還給他們。實際上拍攝延誤是故意設計的，主要是想知道，有沒有幸運物在身邊，是否會對表現造成影響呢？

接著，心理學家再觀察這兩組人在字謎比賽中的表現有什麼不同。結果發現，有帶幸運物上場比賽的大學生，顯得比較有信心，整體的表現也比較好；沒帶幸運物上場比賽的人，表現當然就比較不好了。

這就表示幸運物真的會為我們帶來好運嗎？等等，先別太快做下結論，事情可不是這麼簡單的喔！幸運物本身並不是真的帶有什麼神奇魔法。心理學家認為，幸運物之所以看起來會有好運的效果，是因為它為我們增加了「信心」，也讓人比較「安心」的關係。

你想想，要考試了大家都很緊張、有壓力，如果過度焦慮難免就會影響表現。這個時候如果有個物品能夠讓人安定下來，讓人有自信可以表現得不錯，當然就比較容易有好的結果囉！所以，幸運物能讓人表現得比較好，並不是因為真的有神祕力量，或是有哪個高人加持的關係，而是因為你「相信」的關係。因為相信，所以就比較有自信跟安心。

有神祕力量的並不是幸運物本身，而是你因為信任這個物品而產生的信心與安全感。所以不管是戴著幸運手環也好、穿著幸運顏色的衣服也好，又或者是穿著幸運號碼的球衣，無論是用什麼方法，重點在於「幸運物能夠增加我們的信心」，只要這個幸運物能夠幫助我們相信自己一定做得到，相信自己具備足夠的能力能夠達到目標，管它是大還是小、是方還是圓，對於目標的完成都是會有幫助的！所以說，真正能夠為自己帶來好運氣的可不是幸運物本身，而是「自己」呢！

哇賽
聊天室

「相信」的力量真的很強大,不只是幸運物,在很多地方都會類似的效果。像是有研究發現,就算只是一般不起眼的糖果,只要讓人以為這顆小丸子是安眠藥,也真的會有助眠的效果喔!除此之外,也可以透過外在幫自己做一些調整,變得更有信心一點,像是穿著特定專家的服裝,例如醫師白袍,也會讓人表現比較好,穿著正式、西裝筆挺的樣子也可以讓人更有自信。

另外一個很常見的是「儀式感」,例如比特定手勢、棒球員贏球就不洗帽子、進場前不踩到線等。透過展現特定的行為來讓身體進入熟悉的狀態,這樣也同樣會有安心的效果。

所以如果你要參加一個競爭激烈的比賽感到非常緊張時,可以試著帶著一個自己喜歡又熟悉的幸運物,或是穿上你覺得自己看來最亮眼的服裝,讓自己有自信,這樣都可以提升你的表現。

Q1 這樣以後比賽,是不是比誰的幸運物比較有效就好啦,不用賽前練習了?

A1 如果你沒有努力準備,幸運物的效果就發揮不出來。就像前面所說的,所謂的「幸運」其實是讓你盡可能發揮出本身的能力,讓你的能力不會因為緊張、不安而打折扣。因此能不能有好表現,關鍵還是在於你持續努力而來的成長,並不是當下的運氣。就像你穿上職業籃球員的球鞋,也無法像他們一樣輕鬆灌籃啊。

觀念轉換的
驚人效果

「我是誰」的想法竟默默影響我們的能力，
稍微讓觀念轉個彎，就可以百分之百發揮實
力。原來意志力有限制、團隊合作也可能降
低表現？別擔心！只要利用一些關鍵思考技
巧，就能提前避免踩雷，激發超強成果！

第16話

結論就是我家的貓個性捉摸不定，這次……

下一個換我報告了，天啊。

報告完畢，謝謝大家。

呼～好！

下一位請費斯分享他的個人研究報告。

各位好，我想請你們看我手上的這支手機。

你能想像這個世界迎接智慧型手機的普及，其實跟我們出生的時間差不了多久嗎？

費斯換衣服了？整個人好像不太一樣？

……往後我們將迎向AI新時代，一起期待世界的變化吧！

費斯你講得太好了，讓我想到蘋果其中一位創辦人賈伯斯！

Who is 費斯？
I am Steve Jobs.

呃，費斯，你還好嗎？

I am Steve Jobs.

想像自己是超級英雄，就能擁有超能力

世界知名歌手碧昂絲（Beyoncé）和愛黛兒（Adele），兩人都是西洋歌壇界中占有相當分量的歌手，只要她們一踏上舞臺，瞬間能夠帶動氣氛、風靡全場，彷彿生來就適合站上舞臺表演一樣。

她們的職業生涯中可能經歷了幾千場表演以及演唱會，或許你會認為她們每次站上舞臺就如同喝水一樣自然，即便面對著成千成萬的觀眾也一定不會怯場吧？

每個人都需要克服緊張的方法

但答案可能會讓你很意外，就算是她們已是國際巨星，時常繞著地球舉辦世界巡迴演唱會，但每次站上舞臺時，仍然會感到害怕及怯場。究竟這些大明星是如何克服不安的感受呢？

碧昂絲曾經說過，當在工作或是站在舞臺上時，她不是碧昂絲，而是狂野熱情的「莎夏」（Sasha Fierce）。莎夏非常幽默風趣、性感又開朗、魅力四射。不過實際上，並沒有莎夏這個人存在，這是碧昂絲自己創造出來的、一個「虛擬的自己」。在舞臺時，她想像自己變成一個充滿自信又有魅力的歌手盡情表演，幫助她克服緊張不安，展現最棒的演出。

同樣的，愛黛兒其實對於站上舞臺、面對成千上萬的觀眾表演非常恐懼，恐慌症因而時常發作，還曾經因為太緊張，而在演出前臨陣脫逃。有一次愛黛兒準備與她喜愛的偶像碧昂絲見面，正緊張得不得了，這時碧昂絲突然出現並走向她説：「你真的太棒了！每次聽到你唱歌，我彷彿聽到上帝的聲音一樣美妙！」這段話給了她很大的啟發和力量。後來愛黛兒聽聞了碧昂絲消除緊張的方法，便仿造這個方式，創造出屬於一個有自信的自我，取作「莎夏・卡特」（Sasha Carter）。莎夏的由來當然是因為碧昂絲，而卡特則來自於另一名美國演員兼歌手瓊恩・卡特（June Carter）。每當愛黛兒要上臺演出，她就告訴自己：現在她是莎夏・卡特，一個有自信而且充滿舞臺魅力的巨星，這個方式幫助她克服一次又一次準備上臺表演前的緊張不安。

　　實際上，每個人上臺説話或表演時，都可能害怕自己表現不好或是擔心被他人嘲笑，而出現緊張、焦慮的感受。有時候，只是在全班同學面前舉手發問，但光想像著舉手那一刻，所有目光都會聚集過來，就讓人感到不舒服且坐立難安。這些反應都是人體很自然的生理現象，在眾人面前表現自我，本來就是需要相當大的勇氣，所以不需要懊惱為什麼自己無法像其他人一樣充滿自信，只要用對方法，你也能像巨星一樣在舞臺發光！

一個把自己當超級英雄的實驗

　　「我想要當超級英雄！」

　　「別傻了！世界上根本沒有超級英雄！」

　　當我們觀賞完超級英雄的電影後，總是忍不住模仿超級英雄的臺詞和動作，希望能夠像電影裡的主角一樣帥氣，具有鋼鐵人的高科技設備、蜘蛛人的俐落身手、美國隊長的正義感以及雷神索爾的強壯體魄。雖然這些

超級英雄實際上是美國漫畫家筆下創作出的人物，真實世界也許沒有所謂的超級英雄，但是做做白日夢，假裝自己是拯救世界的厲害人物，或許也無妨，甚至還能夠為自己帶來自信呢！這是怎麼一回事？就讓我們透過一個很有意思的心理學研究來瞧一瞧！

美國紐約漢密爾頓學院的瑞秋‧懷特教授（Rachel White）及明尼蘇達大學的凱薩琳‧雪佛教授（Catherine Schaefer）合作進行了一項有趣的研究，他們找來4歲與6歲的小朋友，到實驗室裡完成一項沉悶且無聊的作業，並且說明因為這個作業有點無聊又花時間，所以如果小朋友們想休息一下的話，可以任意玩放在旁邊的平板，裡面有一些小遊戲。

這樣的安排是想測試這些小朋友，是否能抵擋遊戲的誘惑，發揮意志力，持續進行無聊的作業。

所有小朋友會隨機分成三組，並分別使用不同的發揮意志力的方法。第一組在進行作業時，如果開始感到無聊，就要想一下自己的想法和感受，問自己：「我努力完成任務了嗎？」；第二組則要以旁觀者的角色來看待自己的表現，開始感到無聊時，就問自己：「某某某（自己的姓名），有努力完成任務了嗎？」；第三組則要先想像自己是一位超級英雄或是一個勇敢的角色，例如蝙蝠俠、動畫主角愛冒險的朵拉等，如果小朋友選擇當蝙蝠俠，那他就要在作業開始前，穿戴蝙蝠俠的面具及服飾，而當作業進行中感到無聊時，必須問自己：「蝙蝠俠有努力完成任務嗎？」

僅僅想像就可以提高意志力

對於小朋友來說，蝙蝠俠可是無所不能的超級英雄，如果想像自己就是蝙蝠俠的話，會產生什麼樣的結果呢？

實驗結束後，心理學家發現，第一組的表現是最差的，第二組比第一

組好一些，但整體來說，想像自己是超級英雄的第三組表現是最好的！他們在無聊的作業上堅持的時間比較長，而且最能夠抵擋誘惑，不會分心去玩遊戲。

除此之外，懷特教授還發現，當小朋友想像自己變成蝙蝠俠時，不僅能夠幫助提高意志力，避免受到遊戲的誘惑之外，同時也提高他們專注力和執行力，較能順利完成枯燥乏味的無聊作業。

為什麼會有這種「蝙蝠俠效應」呢？當我們可以站在他人的角度看自己時，就能更冷靜、理性的看待所遭遇的事情，這可以減輕心中的焦慮。

如果更進一步想像自己是超級英雄的話，除了冷靜及理性外，也會隨著想像中超級英雄的特質，為我們帶來更多的勇氣、增加面對挑戰的毅力。其實，前面提到的碧昂絲和愛黛兒在上臺表演前，會想像自己是另一個不同的人，讓他們在演出中不會怯場，發揮出最好的實力，這也是應用了「蝙蝠俠效應」。

以後當你要上臺表演，或是遇上讓你緊張的場合時，你可以想像自己就是心目中的偶像。例如當你準備賽跑時，就想像自己是閃電俠；當你要做任何一個有些困難的挑戰，心中緊張不安時，不妨想像自己是另一個超級厲害的人，這樣就能在不知不覺中為你帶來無比的勇氣，激發你最棒的表現！

我是蝙蝠俠，我很有毅力，我很強！

喬立，超級英雄的「自信」超能力，不是讓你在最後一天才來趕暑假作業用的。

哇賽
聊天室

　　我們都不是萬能且完美的人，有時明明準備了很久，關鍵時刻卻表現失常。其實，不是自己做不好或能力不夠，而是因為很重視這件事，對自己沒有信心又過於緊張而導致。這時候，透過像這樣提升信心的小技巧，想像自己變成一個很厲害的人，不限於蝙蝠俠這個角色，任何一個你崇拜的對象或是專家都可以，想像自己成為了他，就能夠幫助自己提升信心和勇氣，克服很多困難的任務！

Q1 實驗中的人是直接穿著蝙蝠俠的裝備耶，可是我實際生活中總不能也穿著超級英雄裝去考試吧，沒有穿還有效嗎？

A1 實驗中讓參與者實際穿著蝙蝠俠裝備來想像，是為了要讓能夠更身歷其境。有不少喜愛角色扮演（cosplay）的人都會覺得，穿上他喜愛的角色衣服，就能體會那個角色的心境，舉止行為上也會更像。話說回來，就便利性來考量，我們當然一般不能在日常生活中，帶著超級英雄裝備到處跑。畢竟，超人也是需要到電話亭才能變裝。不過有道是「想像力就是你的超能力」，只要你可以很投入去想像，像碧昂絲與愛黛兒一樣，即使不穿上特殊服飾，也同樣會有效果的。

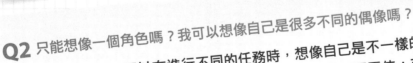

Q2 只能想像一個角色嗎？我可以想像自己是很多不同的偶像嗎？

A2 當然可以！你可以在進行不同的任務時，想像自己是不一樣的角色。例如前面說的，你在跑步時可以想像自己是閃電俠；而你需要專注、判斷時，可以想像是蝙蝠俠。不過，我會建議你，一項任務最好是想像一位偶像就好。不然換來換去，你的注意力反而會分散，這樣就造成反效果了。

第17話

我想跳級學國中理科，沒想到這麼難。

考試都考完了，你還在讀書啊！

我想要當科學家，所以要非常努力才行。

科學家不錯啊！

有天文學家、化學家、生物學家等，你想當哪種科學家？

嗯，我還在考慮耶，像「助理」那種女科學家不知道容不容易當……

我也是科學家啊，當我這種的也不錯！

呃……不過，到底怎樣才能當上科學家？而且女科學家感覺不多。

嗚，竟然無視我！

首先,你不能想著要當科學家！

咦？！這怎麼可能！

你沒有想當科學家，你沒有想當科學家，你沒有……

聽我講完！我是要你先愛上科學啊！

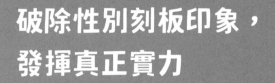

破除性別刻板印象，發揮真正實力

2022年，新北市政府勞工局公布了一部宣傳影片，影片中出現一位年輕男生、一位年長男性及一位可愛的女生。年輕男生穿著花襯衫以及短褲，年長男性則穿著黑色高領毛衣和灰色外套、可愛的女生則戴著髮箍及穿著洋裝，接下來請民眾根據他們的外型、服裝打扮來觀察這三位並針對他們的職業進行投票，選項有工頭、服裝設計師以及護理師這三種。

大部分的民眾都認為年輕男生是服裝設計師、年長男性是工頭、可愛的女生是護理師。正確答案令眾人跌破眼鏡，年輕男生實際上是護理師、年長男性實際上是服裝設計師，而女生則是工頭！

這則宣傳影片想要傳達的意思，就是希望大家在職場上不要因為一個人的性別、年齡以及打扮而產生既定的刻板印象，女孩也可以勝任需要力氣或是數理知識的工作，而男孩也可以做細心又溫柔的工作。

縱然在這相當進步的時代，仍然處處存在著刻板印象，有時候還會變成我們給自己套上的緊箍咒！

性別刻板印象的壓力

1999年哈佛大學心理學家娜里妮・安巴蒂（Nalini Ambady）和研究

夥伴從大學校園中找來一群亞裔女學生來寫數學測驗題。

　　說到亞洲人，大家會想到什麼？在西方國家裡，大家對亞洲人的印象就是數學很強。而說到女性大家會想到什麼？不管是西方國家還是東方國家，普遍都認為女性的數學能力會弱於男性。所以，心理學家就透過同時帶有這兩個特點的亞裔女學生來進行實驗。

　　在寫數學測驗題之前，研究團隊先請部分學生寫一份調查問卷，並保留一部分的學生不須寫問卷。在填寫問卷的學生中，有的人拿到的是詢問性別問題的問卷，內容包含如「您住在女生宿舍還是男女混合宿舍呢？」這類的問題；而有的人拿到的是詢問關於身分種族的問題，像是詢問：「您的祖父及祖母是說什麼語言呢？」。

　　心理學家預期寫詢問性別問卷的學生，會留意到自己是女性的這個特點，而寫詢問種族問卷的學生，則會留意到自己是亞洲人。而這兩點可能會分別影響學生接下來寫數學測驗題的表現。

　　果不其然，沒有寫任何問卷的人，作答正確率大約是49%。那些寫性別問卷的學生，作答的正確率卻比較低，只有43%；而寫種族問卷的學生作答正確率則是提高了一些，達到54%。

　　這表示雖然沒有在實驗之中明白告知女生的數學能力比較弱、亞洲人的數學能力比較強，但當這些學生意識到自己是女性

沒錯！這就是刻板印象帶來的自我懷疑。

會不會是因為沒信心的關係呢！

性別問卷

與亞裔時，無形間就影響了自己的作答表現。這就是自己給自己施加的刻板印象影響力，其中性別的影響變成一種壓力。

性別刻板印象真的會阻礙學習嗎？

有時候我們明明憧憬一些工作，卻會某種原因認為自己沒有能力達到那樣的成就與地位。我們可能會希望自己能夠在特殊領域突破傳統印象，卻因某種理由不敢追求。例如明明對於救助及照顧病患的工作有興趣，卻想到自己是男生，怕被眾人嘲笑是不夠陽剛，因此隱藏著自己的喜好，做自己不是那麼熱愛的事；也有可能是明明對於數學、物理和化學很有熱忱，可以鑽研得廢寢忘食，但是參加科學比賽時，卻不禁因為性別自己失去了信心──對手都是男生，我是女生，我能夠比他們厲害嗎？

從牙牙學語開始，我們難免會接收到「男生應該做什麼，而女生應該做什麼」的訊息，不管西方或是東方國家皆是如此，大家都知道不要存有刻板印象，但長久以來的潛移默化影響，這些概念一時之間也很難翻轉。

心理學家瑪喬莉・羅德絲（Marjorie Rhodes）與莎拉一珍・萊絲莉（Sarah-Jane Leslie）就發現，孩童時常從電視或其他媒體管道接收到關於性別與職業的刻板印象，像是男生就應該是科學家或工程師，女生就應該是護理師或幼教老師等。她們好奇這樣的既有的刻板印象會不會使孩子們受到影響，阻礙學習的效果呢？

研究團隊找來一群4到9歲的小孩，先向他們介紹探索科學的方法，例如觀察、預測、檢查以及紀錄。接著告訴一部分小朋友說：「讓我們一起成為科學家！科學家會探索世界並發現新事物！」同時告訴其他的小朋友說：「讓我們一起動手玩科學！玩科學就是探索世界並發現新事物！」隨後，這些小朋友必須利用過程中學習到的科學方法去完成一些作業，作業

的難度會由簡單漸進為困難，最後由於難度提升，大部分孩子都會答錯。這個由心理學家故意創造出來的挫折是有意義的，他們要了解哪些孩子在經歷挫折之後，還願意繼續堅持下去。

　　整個實驗結束之後，心理學家發現，實驗結果中，女孩們的反應很有意思。那些被傳達了「一起動手玩科學」的女孩，會比起被傳達「當個科學家」的女孩，更能夠在遇到挫折的科學活動中繼續堅持下去。

　　心理學家對於這樣的現象非常好奇，認為有可能是告訴這些女孩們的話產生了作用。告訴女孩要「成為科學家」，可能會使女孩對於自己是感到懷疑、沒信心。因為她們受到了社會普遍的刻板印象所影響，認為男孩在科學方面會較有天分，較能夠成為科學家，因而使這些女孩們接下來進行科學活動較沒有動機和毅力。

　　然而如果換一個說法，強調要「動手玩科學」時，女孩們較不會意識到科學家大多是男性而先自我設限，後續也就比較願意投入科學的活動，並且較有毅力堅持下去。原來即便沒有特別明說，平常在日常生活中的刻板性別觀念，就能對孩子帶來這麼大的影響。

告訴自己先享受科學吧！

　　實際上，隨著時代的進步，現在有越來越多女性的科學家，而且也有很多厲害的重要科學發現都是由女性科學家所貢獻的呢！舉例來說，因應新冠疫情時普遍施打的莫德納疫苗，正是由一位年僅35歲的女性科學家科貝特博士（Kizzmekia Corbett）帶領的研究團隊開發出來！

　　如果正在閱讀文章的你是個女孩，而且對於科學有興趣卻不太有信心，別害怕！先別想著要成為科學家，而是告訴自己喜歡科學、快快樂樂動手做科學就好，這樣就能夠使你更有毅力的持續投入探索科學的奧妙！

哇賽
聊天室

在人類發展過程中，對於性別先產生刻板印象是很正常的，像博士的兩個女兒，在3歲以後就很常以為長頭髮、穿裙子的就是女生、男生就是力氣比較大、男生一定要跟女生結婚等。

通常這樣的學習是來自於自身的家庭經驗，這樣的區別語定義一開始能夠幫助孩子更快理解環境與社會運作的方式。不過隨著社會發展越來越多元，生活中會碰到從事各式各樣活動的人，一開始的簡略分類方式已經不足以因應生活中的各種情況，甚至會不小心傷害到他人。因此我們可以彼此提醒，那些刻板印象雖然存在，但我們不需要被框架限制住，每個人都擁有選擇的權利，以及自主發展的自由。

Q1 刻板印象是不是跟前一篇「蝙蝠俠效應」中的「相信自己」很像？

A1 問得很好。沒錯，被刻板印象身分限制，乍看之下好像跟蝙蝠俠效應談到的相反，實際上都是同樣的道理。如果你想像自己是一個更好的人，那麼就可以表現得比較好，可是相反的，如果連你自己也不相信自己可以有好表現，那就真的會表現得比較差一點了。所以，要相信自己的能力、肯定自己的興趣，性別不是問題，每一個人不管在哪一個領域都能發揮所長、發光發熱！

第18話

伊芮要炸雞嗎?

不行,我要忍住!

別太勉強自己呀!

我忍不住了!

咳

咳

你吃慢一點啦。

唉,我每次想減肥,結果到最後都反而吃更多。

我教你一個飲食控制的咒語,你跟我一起說:「我不需要炸雞。」

我不需要炸雞

很好,唸個1000遍!

什麼?

我不需要炸雞,我不需要炸雞……

這下她是真的沒空吃炸雞了

我本來是想讓她轉化想法啦,哈……結果好就好。

用點小咒語，克服有限的意志力

　　你有沒有這樣的困擾呢？原本下定決心要每天維持跑步的習慣，結果最近天氣變得比較冷，腦袋裡忍不住出現小惡魔的聲音說服自己：「今天好冷喔！這種天氣跑步一定很不舒服，明天再跑好了！」或是已經計畫好要執行減重的少吃多動方案，結果當美食出現在眼前時，還是克制不住流口水，腦袋裡的小惡魔又出現了，說服你說：「明天再少吃一點就好了！減重是明天的事！」於是，跑步的習慣一直培養不成，減重的計畫一直無限期的延後，懊悔著自己怎麼老是克制不住誘惑，意志力怎麼那麼薄弱！

　　所謂的「意志力」是什麼？意志力真的有強弱之分嗎？

意志力也許是有極限的

　　研究「意志力」非常知名的心理學家包梅斯特（Roy Baumeister）在1996年就曾經進行一項非常知名的實驗。他找來67名飢腸轆轆的大學生，將他們分成三組。他們會依序進入一間房間，裡頭瀰漫著餅乾剛出爐的香噴噴氣味，讓他們越聞越餓。

　　第一組的人從實驗開始到結束之後，都處在飢餓的狀態，心理學家並沒有提供任何食物給他們吃；第二組的人進到房間之後，發現桌上放了一

些巧克力脆片餅乾，心理學家也很大方的跟他們說可以盡情享用；第三組的人進到房間之後，發現桌上放了一些巧克力碎片餅乾以及胡蘿蔔，心理學家告訴他們：「待會實驗會用到餅乾，所以你們不能吃，但是你們可以吃一些胡蘿蔔填飽肚子。」哇！一聽到心理學家這麼告訴他們，實在是太折磨人了！第三組的學生雖然都很聽話，沒有偷吃餅乾，但有人忍不住拿起餅乾，聞著它的香氣；也有人不小心把餅乾掉在地上；還有人盯著紅蘿蔔，內心掙扎著要不要吃它止餓，可見他們極力想克制吃餅乾的衝動啊！

　　過一陣子之後，心理學家分別帶領這三組人到另一個房間去，請他們解開一個拼圖的益智遊戲。實際上這個拼圖是無法破解的，心理學家就是想透過這個益智遊戲，來觀察學生遇到難解的任務時，會堅持多久的時間才會放棄。

　　結果發現到，什麼都沒吃的第一組人以及有吃餅乾的第二組人，平均花費20分鐘之後才宣告放棄，而只能吃胡蘿蔔的第三組人平均只花了8分鐘就早早宣布投降了！

　　為什麼會有這樣的差異呢？包梅斯特認為，只能吃胡蘿蔔的第三組，因為先前極盡所能忍住不吃香噴噴的巧克力餅乾，而這個忍耐行為需要耗費極大的意志力，因此當他們接下來要花費心力去解開困難的拼圖時，意志力早已消耗掉很多了，剩餘可完成

任務的意志力就很少，因此早早就放棄。

　　這表示，意志力可能是一種有限的資源，我們必須要珍惜使用它，不是什麼都要靠意志力拚搏。

克服意志力有限的方法

　　如果意志力真的有限的話，當我們訂定一些想要挑戰的計畫，光是靠意志力不就很難達成嗎？沒錯，確實有可能是如此。所以我們不能期待只光靠意志力，就能夠達到我們所立下的減重目標、養成一個好習慣或是克制大大小小的誘惑。許多專家學者花了很多時間，想要找出其他方法，讓我們可以彌補意志力有限的缺點，幫助我們在追求目標時能夠克服人性，以較輕鬆的方式達標。

　　回想看看，當我們想要克制自己吃不健康的食物時，我們的第一個想法是否都像這一類：「不行！我不能吃奶油蛋糕。」「天啊！我要阻止自己吃炸雞。」內心總有類似這樣的掙扎對話來阻止自己。但是，大家一定都不曉得，其實像這樣對自己看似信心的喊話，可能是提油救火，更有可能讓自己克制不住，陷入奶油蛋糕和炸雞的誘惑喔！

　　美國休士頓大學心理學家凡妮莎・派翠克（Vanessa Patrick）與亨利克・海格費（Henrik Hagtvedt）都認為，人是否能拒絕誘惑，有一個很重要的關鍵：我們該說什麼話鼓勵自己。他們發現，當我們告訴自己說「我不需要」會比起告訴自己「我不能」還來得更有效！

　　這兩位學者設計了一個實驗，邀請30名女性來進行運動與飲食調整的課程計畫，所有人必須先自行規劃好適合自己的瘦身計畫，並在接下來的10天內努力實踐。如果參加實驗的人，在過程中遇到一些美食誘惑，例如朋友邀約吃大餐、或是突然很想吃炸雞等不健康的食品，這些人被分配用

三種不同的方法去因應。第一種，要告訴自己「我不能吃炸雞」。第二種則是告訴自己「我不需要吃炸雞」。剩下一種則沒有特別指定她們要說什麼，讓她們自由、隨興的面對誘惑。

告訴自己我不需要，而不是我不能

10天之後，這三組女性的瘦身計畫結果如何？心理學家發現，那些遇到美食誘惑時，要告訴自己說「我不能吃！」的10位女性中，只有1位有堅持執行自己的計畫，其他9位在中途就放棄了。而在遇到美食誘惑時，要對自己說「我不需要吃！」的10位女性中，最後卻有8位堅持執行瘦身計畫，只有2位沒有堅持到最後。剩下的10位並沒有指定鼓勵話語的女性，則只有3位有堅持住自己的瘦身計畫。

結論就是，在這個實驗中，告訴自己「我不需要吃薯條！」或「我不需要喝珍珠奶茶！」的女性，比較能夠落實執行自己所規畫促進健康的方法，最後堅持到底。

這是因為當我們告訴自己「我不能」時，很像是自己沒有掌控權，是他人命令不能做的，而不是自己做決定，會讓人覺得無能為力；而當我們告訴自己「我不需要」時，就像是在告訴自己，是我自己不想這麼做的，是我自己決定我不需要的。這是擁有自我掌控權的感覺，無形中帶來鼓舞的力量，讓自己堅持目標、持續執行。

所以當我們想要增強自己面對誘惑的克制力時，應該是要告訴自己「我不需要」。例如快要考試，卻想看漫畫時，要對自己說：「我需要看書，我不需要看漫畫！」已經有肥嘟嘟的肚子，卻想吃點心零食時，趕緊告訴自己：「我已經吃很飽了，我不需要吃零食！」僅僅只是簡單的改變幾個字，就能讓自己更能堅持住目標，抵擋誘惑！

哇賽
聊天室

使用對的言語，就像選對好工具一樣，可以幫助人達成目標。博士之前在進行飲食管理時，用的方法也跟這個篇章講到的有異曲同工之妙。每當我想吃東西時，都會問自己，吃這個是「需要」還是「想要」呢？如果是肚子餓，或是最近缺少了某種營養素，那就是「需要」，其他的就都是心理想要，而不是身體真的需要。每次這麼一想，就會更理性的主動拒絕那些只是嘴饞，而不是真正有需求的食物。

對的言語還有其他用法。你除了可以自己做決定說不需要某件事物以外，每當完成一件克制自己的事情時，像是減少吃甜食、減少玩手遊等，你也可以從心理層面鼓勵一下自己，告訴自己這麼做真的很棒。幫自己打氣加油，會獲得正向的心理感受，這樣就更能夠將好習慣持續下去了。

Q1 可是我盯著零食看，一直說不需要不需要不需要，一下子就累了，最後還是吃掉了，沒用。

A1 你一直盯著看，其實就是第132頁實驗中那組不能吃餅乾的情況啊，盯著零食看就等同在消耗意志力。所以除了要告訴自己不需要以外，也是盡快離開誘惑現場，或是把零食移除，避免意志力繼續消耗下去，這樣說我不需要，才會有效。

第19話

這是我朋友新發明的拔河機器人，你們可以跟它比賽看看誰的力氣大。

博士會請人贏的人喝飲料喔。

我先來

呼，根本不動如山。換你們上！

35Kg

喝！

啊～～

唔！

30Kg

40Kg

45Kg

要贏過這個機器人，至少要有150公斤的力氣。

我們四個人加起來的力量一定可以勝過它的！

35+30+40+45=150

大家一起上～

啊！竟然還是輸，怎麼可能？

140Kg

團結力量沒有比較大！

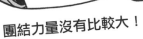

什麼？團結不一定力量比較大

　　有個寓言故事是這麼說的：很久以前，一位富翁想到自己年事已高了，但他的7個孩子每天不是吵架，就是打架，感情十分不融洽，富翁怕他自己不在人世之後孩子們會吵得更加嚴重，於是他每天思來想去，想要找出一個方法讓孩子們可以相親相愛、團結起來。

　　有一天他吃著晚餐，用筷子夾菜時，突然靈光一閃，想到了一個好方法嗎！他把孩子們都叫了過來，一人發給他們一根筷子，富翁說：「來，看你們能不能夠把筷子折斷！」7個兄弟們不費吹灰之力的把筷子折斷了，紛紛說道：「爸爸，這到底有什麼困難的！」富翁也不在乎，拿出一束筷子笑笑的繼續說：「來，這邊是7根筷子，看看你們誰能夠一次把它們折斷！」

　　「我是老大，我先來！」老大信心滿滿的一把拿走筷子，使出蠻力想把筷子折斷。結果他懊惱的說：「奇怪，怎麼折不斷！」接下來兄弟們一個接著一個嘗試，但仍然沒有人挑戰成功。當大家氣喘吁吁的放棄時，富翁終於開口說話了：「一個人的力量有限，輕輕鬆鬆就可能被打敗，但只要團結一心，就沒人能打敗你們。」

　　從此以後，7個兄弟果然不再吵吵鬧鬧了，彼此互相幫助、相親相愛，富翁也很滿意的笑了。

團結力量反而變小的三個和尚

兄弟折筷子的故事告訴我們團結的力量大，但是也有講述另一種道理的故事——和尚挑水的寓言。

從前，有一位小和尚住在山上的寺廟裡，每天一早敲敲木魚念經，趁著太陽西下前就下山挑水，日子過得還算平淡恬靜。

有一天，寺廟來了一位瘦和尚，拜託小和尚讓他住下來，小和尚也親切的答應了。但沒想到多了一個人共同生活，小和尚下山挑的水竟然一下子就用光了。於是小和尚告訴瘦和尚說：「你把我的水用光了，換你下山去挑水吧！」瘦和尚趕緊說：「我才剛來不久呢！用不了多少水的！」只見瘦和尚也不願意挑水，兩個人僵持不下，誰也不讓誰。

口渴難耐的瘦和尚忍不住說：「要不我們一起下山挑水吧！兩個人的力量也比較大！」小和尚一聽覺得有道理，於是點頭答應了。往後的日子兩個人時常一起下山挑水，日子過得和和氣氣、相安無事。

又有一天，寺廟裡來了一位胖和尚，也住下來一起生活了。小和尚和瘦和尚心想，挑了這麼久的水，終於可以給別人做了，於是要求胖和尚要下山挑水。沒想到胖和尚一口回絕，於是三個人又僵持不下，沒有人願意主動下山挑水。

有一天廟裡的蠟燭被風給吹倒了，眼見熊熊的火光燃起，但水缸裡一滴水也沒有，根本沒有水可以趕快救火，三個和尚只能眼睜睜的看著寺廟燒毀，這下不僅沒水喝，連住的地方也沒了！

和尚挑水的寓言故事竟然要講的是：人多力量反而變小。這兩個故事想要告訴我們的隱喻互相矛盾，到底多人一起合作的力量會是1+1大於2，還是小於2呢？這究竟是怎麼一回事？

個人還是團體的力量比較大？

正常的情況下，多人的力量應該會比一個人的力量大。在工業社會尚未發達以前，人們的交通工具就是馬車，當馬兒拉車時，我們一定會覺得兩匹馬的力量一定大於一匹馬，所以當時許多馬車都配有兩隻馬。

但是在1913年有位叫林格爾曼（Maximilien Ringelmann）的工程師，發現了違背我們直覺的狀況。他讓兩匹馬兒去拉一輛馬車，這兩匹馬分別所出的力量反而會小於一匹馬單獨拉馬車的力量。也就是說兩匹馬一起拉車的時候，馬兒竟然會偷懶、少出一點力量！林格爾曼受到啟發，他想：這樣的現象也會出現在人類身上嗎？

為了解開疑惑，林格爾曼找了一群人來做一個拉力的實驗，他讓每個人單獨拉一條粗繩子，並測量出每個人的拉力。接著讓幾個人一起去拉粗繩子，再利用方法測量出每個人分別出多少力氣。

結果他發現，當兩個人一起拉繩子的時候，每個人的力氣會比一個人拉繩子的時候少了約7%，當三個人一起拉繩子的時候，每個人的力氣則會比一個人拉繩子的時候少了約15%，當拉繩子的人數來到8人的時候，每個人的力氣甚至少了51%，人數越多，每個人出的力氣越來越少。

這種「人數增加、力量反而降低」的現象，引起了心理學家的好奇。1979年，拉丹（Bibb Latane）、威廉斯（Kipling Williams）與哈金斯（Stephen Harkins）三位心理學家共同發表了一個研究，他們請六名男大學生在實驗室裡盡可能的發出歡呼聲或鼓掌聲。研究人員把實驗情境分成以下這幾種：有獨自一個人歡呼或鼓掌、2人一起、4人一起，以及6個人一起，並進一步分別測量出在每一個狀況之下，每個人所發出的分貝的大小。

心理學家們發現，實驗結果和工程師林格爾曼的馬兒實驗是一樣的，

當要求個人單獨歡呼或鼓掌時的音量，會比他在團體裡一起時來的熱烈、大聲。

這就像是當自己一個人遇到偶像所發出的尖叫歡呼聲，會遠比跟眾多粉絲們一起遇見偶像時所喊的還要大聲許多。當個人身處在團體時，所付出的努力會比自己單獨工作時還要少，這種現象就叫做「社會性懈怠效應」或「林格爾曼效應」。

一切都是責任分散的陰謀

我們常認為團結力量才會大，那為什麼會出現這種狀況：團結起來的力量反而變沒效率？

有一些原因可以解釋這樣的現象，可能是因為在個人單獨的表現時，比較容易顯示個人所付出的努力，因會卯足全力的表現出最好的一面；而當成功或失敗的結果，決定於團體中的每一個人時，就不需要由個人單獨負責，就容易導致個人在團體中偷懶。

另外，也有可能是因為個人預期其他人會偷懶，如果自己還使出渾身解數的力量，這樣就顯得自己很傻，所以就減少個人在團體中的付出，讓自己心裡覺得比較公平一點。

團體的力量仍有必要

這樣看起來，既然個人在團體中的表現常常都是混水摸魚、不努力，是不是盡量不要藉由組成團體來完成工作了呢？

也不盡然，每個人的能力都是有限的，而且有許多工作需要透過團體努力才能順利完成，重點就在於我們該如何防止社會性懈怠效應發生。

有專家提出，通常可藉由分派每個人有意義或獨特的工作，來增強各自的責任心與榮譽感，並促進個人對團體的認同感與凝聚力。此外，也可以減少團體人數，使每個人在團體中的表現都會被注意到，如此一來就比較能避免這種不好的效應產生。

　　許多時候，集合眾人的努力團隊合作，成果還是會比個人單打獨鬥還要來得好，同時也能跟同伴建立起很好的情誼，擁有革命情感的同伴友誼。很多時候，團隊合作會成為值得珍惜的回憶！

哇賽
聊天室

　　你在分組合作時，有沒有遇過同組人員偷懶、什麼都不做的狀況？博士在大學教書時，課程中有時會請學生分組做報告。學期結束時，偶爾會遇到有學生來抱怨，小組裡有人總是閒閒不做事，等著其他人做好報告坐享其成，因此認為同個小組的成績都一樣很不公平，明明大家付出的不同啊。

　　博士的作法是，讓每個人都獨自繳交一份「成員貢獻度」的評估，請大家描述這份報告裡每個人用心的程度。如果有一個人特別偷懶的話，就會被其他成員指出來囉。也因為有這樣的貢獻度評估，所以大家也比較不會偷懶，該自己負責的部分會認真完成，避免了責任分散。

Q1 看起來多人一起做的效果好像一定會變差耶，不管怎麼樣，不是都會分散責任嗎？

A1 其實不見得，責任分散比較容易出現在「同樣的工作」，像是文章中一起拉繩子、一起歡呼鼓掌。但如果團隊合作中有人負責畫圖、有人負責寫文章、有人負責排版，大家都負責不同的工作，這樣就可以發揮1+1大於2的效果囉。

Q2 可是我們的團隊合作通常沒辦法分那麼細，還有什麼方法可以讓大家都努力完成？

A2 還有一個方法很不錯，就是讓每個人都自己說出他要負責的部分是什麼、會何時完成以及會不會認真。因為大家都是同學，所以開會時說出這類的話，就會是一種承諾，等同答應了大家要好好做。這樣想偷懶時，會想起自己曾經答應過的，就會打起精神認真做好。

了解這個心理學現象後，以後加入團隊合作時也先想想，這個工作在自己一個人做時能夠發揮到什麼程度，那麼在團隊中就用這個標準來提醒自我，跟大家一起創造更大的成果。

第20話

心想事成套圈圈，歡迎來玩。

三獎

三獎

都沒中！

界線

我玩一局。

我也要跟博士一起玩，

如果我是剛剛的客人就會有點掃興，

原本的線對小小朋友來說太遠了，很挫折。

界線

兒童用

艾諾能把自己當成顧客的角色去思考，這一定會對生意有幫助。

謝謝你。也給你一份圈圈玩玩看吧！

快看，我套到最遠那個最大獎！

我套到三獎，太棒了!

恭喜博士！

你……門都沒有！

喬立你剛剛根本沒付錢玩吧！

別忘了我依然是顧攤老闆！

我的獎項是吉他對吧！

咦!

艾諾的角色轉換太好了！

轉換身分思考，想法更靈活

　　「人生如戲，戲如人生」你是否曾經聽過這句諺語？仔細想想在我們一生中，就猶如在演戲一樣。世界知名的戲劇家莎士比亞（William Shakespeare）就曾經在劇本裡寫了一段臺詞：「全世界就是一座舞臺，所有的男男女女不過就是一些演員，他們有上場的時候，也會有下場的時候，而一個人一生中扮演著好幾個角色。」

　　這段臺詞可真是道盡了人生百態。這可不是指我們要在生活中當演員，對待身邊的人都要用演戲的方式；而是我們在人與人緊密連結的環境中生活著，總會扮演著許多不同的角色。

　　就像在學校裡，我們會是學生，又是同儕之間的同學，也可能是某個人的好朋友；在家庭中，我們是爸媽的孩子、爺爺奶奶的孫兒，也同時是手足之間的兄弟姊妹。

　　奧地利精神科醫師莫雷諾（Jacob. Levy Moreno）曾說過，每一個「自我」都是在「角色」中建構出來的，而當有了「角色」時，連帶也會有一段「關係」。我們便是在關係裡，藉由持續的互動經驗，建構出「我是誰」的概念。

　　聽起來是不是有點抽象？沒關係，如果把莫雷諾的話翻譯成簡單的語言，就是在說從我們出生開始，在成長的過程中，隨著與不一樣的人相

識、相遇，我們也會形成不同的角色，像是孩子、學生、親戚或是朋友等。而這些角色與他人之間的相處，就塑造出我們是一個怎麼樣的人。

小朋友的角色扮演實驗

美國杜克大學心理學家蓋思（Sarah Gaither）和她的同事們發現，過去許多心理學領域針對成年人的不同角色身分所帶來的影響，已經進行了許多研究，也都表明多種角色不但不會讓我們感到混亂，還有助於我們提升我們的聯想力和創造力，可說是好處多多。

但明明我們從孩童時期就可能有多重的角色身分，為什麼甚少研究對象是孩童呢？於是蓋斯就和同事設計一個實驗，針對孩童的多重角色做研究。研究人員們找來48名年齡介於6歲至7歲的孩童，並將他們隨機分成兩組。

第一組孩子必須討論每個人的各種身分，例如某個孩子本身是一個女孩、也許跟王小美是好朋友、也是李大明的班上同學、還是親子天下的讀者等，這些都是屬於不同的角色。

第二組的孩子則討論不同的事。這組不會談論角色，而是去講一些身體上的特徵。例如某位孩子是黑頭髮、白皮膚、有捲捲的頭髮、兩隻手、兩隻腳等，這些與小孩身分或角色沒有任何一點關聯。

每個孩子在討論完之後，要完成四個挑戰。

第一個挑戰是「幫熊熊想辦法」：森林裡有一隻熊，牠看到樹上有可口美味的蜂蜜，但熊熊的手邊只有一桶樂高積木，牠要如何使用這些積木來吃到樹上的蜂蜜呢？

第二個挑戰中，孩子會拿到的一個金色閃閃發亮的盒子，他必須盡可能想出有哪些用途。

第三個挑戰是把16個人的照片進行分類，至於要依什麼特點進行分類則是自行發揮。

第四個挑戰是和一個木偶互動，這個木偶會說16句話，都是和分類有關，像是：「貓咪和狗兒都是同一種動物」、「男孩和女孩都是孩子」。孩子們聽完木偶的話後，要判斷是否同意木偶說的每句話。這個木偶所說的每句話都是經過精心設計的，孩子們如果同意木偶所說的話，表示他的思考能力是更加靈活的。

這4個挑戰都是在測試孩子們的問題解決能力和靈活思考能力。

不同角色身分，引發多元思考

研究人員分析結果之後，發現了很有意思的現象。那些先前有討論自己各種身分角色的孩子，在四個挑戰中都表現得比較好，表示這些孩子的問題解決能力和靈活思考能力都比較優秀。

在幫熊想辦法吃到蜂蜜的挑戰中，第一組幾乎有一半的孩子都想到很棒的解決辦法。然而第二組中大概只有三個孩子想到方法，其他孩子怎麼絞盡腦汁都想不出來。

金盒子的用途挑戰中，第一組的孩子也比第二組的孩子想出更多種盒子的用途。第三個照片分類的挑戰中，第一組的孩子會想到比較多種新奇的分類方法，例如依據照片中的人笑與不笑的表情進行分類，或是依據老人與年輕人的臉進行分類等，充滿了各式各樣五花八門且有趣的分類法，而第二組的孩子則大部分以較為簡單、普通的方式進行照片分類。

而最後一個木偶互動的挑戰中，第一組的孩子大致都同意木偶所說的話，而第二組孩子則沒有這麼認同木偶所說的話，表示他們的思考能力沒有這麼靈活。

光是思考自己生活中扮演的不同角色，就會產生這樣的差異。

學習不同角度的思考，讓視野更開闊

我們往往只會想到自己的單一種角色，例如在家裡是孩子，可以任性的鬧脾氣，結果跟朋友在一起時，就會不知不覺間把這個任性的壞習慣帶到與朋友相處的情境中，也因此影響了與朋友之間的相處。

其實不管在哪個群體裡，我們都可能同時具備多種角色，是孩子、也是學生、也是朋友，在不同角色裡，看事物的觀點也會有所差異，也因此面對事情的角度與處理方式也會隨之不同。。

從前面的實驗結果，我們可以延伸聯想到，出國旅行去了解其他國家的文化，也能夠大大提升我們的思考靈活度。因為在不同文化之中，人的想法也會截然不同。

不過，如果你年紀還小，父母不放心讓你出國旅遊也沒有關係喔！光是想起自己有多種角色這一點，就會使我們的想法更寬闊、更靈活。

下次要是遇到什麼困難解不開時，不妨試著想想自己具備了哪些角色身分，如此一來，會使自己的想法更具有彈性，讓我們以更多種面向去思考問題，說不定就這麼靈光一閃，利用某個角色的觀點，就能輕易的解開難題！

我記得自己6、7歲的時候，人生中的角色還沒這麼多呢！

是啊！通常就是學校和家裡的角色，但這樣也足夠提升思考的靈活度囉！

哇賽
聊天室

在生活經驗累積的過程中，擁有不同身分，其實是不知不覺達成的事。通常我們並不會感覺到身分思考帶來的差異與好處。那麼文章中提到的小朋友角色身分實驗，又是在什麼契機下出現的呢？

設計這項實驗的心理學家蓋思本身是一名混血兒，她有一半黑人的血統來自於爸爸、一半白人的血統來自於媽媽。蓋斯的的外觀膚色比較像媽媽，有白皮膚以及深色的輪廓。她常常被其他人問：「你確定你真的是爸爸親生的小孩嗎？」「為什麼你和哥哥長得不一樣？」

由於美國社會對於黑人仍然存在著偏見和歧視，所以當她和爸爸出門去購物商場時，有時會有陌生人走過來對她的爸爸說：「嘿，老兄，你綁架了這個小女孩嗎？」這使得她產生身分認同以及自我懷疑的問題，但也促使她一頭栽入有關多重身分、身分認同等等的研究領域，想要為混血兒或是被歧視的少數族群發聲，讓大眾更加了解這些人，盡力的消弭這社會上的偏見和歧視。

Q1 有沒有什麼身分是可以幫助我學習呢？

A1 當然有！就是你可以試著扮演老師。博士以前當學生時，常會抱怨老師怎麼教得又多又難，作業也很多。但是當我成為老師後，就會去想哪些部分是重點需要強調、哪些部分比較難需要多講幾次，作業要出哪些才能讓學生有深入的學習。透過這樣的身分轉換，就可以從老師的角度觀察課業，比較懂得找關鍵處學習，也會比較認真，因為可以體諒老師的難處。

我的心理課
學習筆記

(◑◐ 少年知識家)

學校沒教的心理課：學習加分篇
打擊分心、增強記憶，學習效率大提升！

作者｜蔡宇哲、李盈儀
漫畫& 插畫｜熊哥大喬治漫畫創意工作室

責任編輯｜詹嬿馨　特約編輯｜戴淳雅
美術設計｜李　潔　行銷企劃｜王予農

天下雜誌群創辦人｜殷允芃
董事長兼執行長｜何琦瑜
媒體暨產品事業群
總經理｜游玉雪　副總經理｜林彥傑
總編輯｜林欣靜
行銷總監｜林育菁
主　編｜楊琇珊
版權主任｜何晨瑋、黃微真

出版者｜親子天下股份有限公司
地址｜台北市104建國北路一段96號4樓
電話｜（02）2509-2800　傳真｜（02）2509-2462
網址｜www.parenting.com.tw
讀者服務專線｜（02）2662-0332　週一～週五：09:00~17:30
傳真｜（02）2662-6048　客服信箱｜bill@cw.com.tw
法律顧問｜台英國際商務法律事務所・羅明通律師
製版印刷｜中原造像股份有限公司
總經銷｜大和圖書有限公司　電話：（02）8990-2588

出版日期｜2024年3月第一版第一次印行
定價｜400元　書號｜BKKKC263P
ISBN｜978-626-305-715-9（平裝）

訂購服務
親子天下 Shopping｜shopping.parenting.com.tw
海外・大量訂購｜parenting@service.cw.com.tw
書香花園｜台北市建國北路二段6巷11號　電話（02）2506-1635
劃撥帳號｜50331356　親子天下股份有限公司

國家圖書館出版品預行編目(CIP)資料

學校沒教的心理課：學習加分篇──打擊分心、
增強記憶，學習效率大提升！/蔡宇哲, 李盈儀作;
熊哥大喬治漫畫工作室漫畫.插圖.
-- 臺北市：親子天下股份有限公司, 2024.03
152面；18.5×24.5公分
ISBN 978-626-305-715-9（平裝）

1.CST: 初等教育 2.CST: 人際關係 3.CST: 兒童心理學
4.CST: 通俗作品

523.3　　　　　　　　　　　　　　113001746

立即購買 >